好妈妈不娇不惯
养育女孩

宿辰夕 编著

天津出版传媒集团
天津科学技术出版社

图书在版编目（CIP）数据

　　好妈妈不娇不惯养育女孩 / 宿辰夕编著 . -- 天津：天津科学技术出版社 , 2022.2
　　ISBN 978-7-5576-9836-2

　　Ⅰ . ①好… Ⅱ . ①宿… Ⅲ . ①女性—家庭教育 Ⅳ . ① G78

　　中国版本图书馆 CIP 数据核字 (2022) 第 013780 号

好妈妈不娇不惯养育女孩
HAOMAMA BUJIAO BUGUAN YANGYU NÜHAI

策划编辑：杨　譞
责任编辑：杨　譞
责任印制：兰　毅

出　　版：	天津出版传媒集团
	天津科学技术出版社
地　　址：	天津市西康路 35 号
邮　　编：	300051
电　　话：	（022）23332490
网　　址：	www.tjkjcbs.com.cn
发　　行：	新华书店经销
印　　刷：	北京市松源印刷有限公司

开本 880×1 230　1/32　印张 6　字数 155 000
2022 年 2 月第 1 版第 1 次印刷
定价：38.00 元

前 言
PREFACE

养育一个优秀女孩,是天下父母的心愿。拥有一个出色的女儿,是天下父母的福气。然而面对这个天赐的娇柔公主,父母们都会有一个困惑:要怎样养育才能让她幸福、优秀?答案就是不娇不惯。

女孩天生胆小、感性、脆弱、优柔寡断、渴望爱、自控能力差、易受外界诱惑……因为胆小,所以她们总是躲在父母的身后,慢慢变得依赖性强,乃至自卑;因为感性,她们常常冲动行事,容易被坏人欺骗;因为脆弱,她们往往经不起打击,一旦生活中出现一些风风雨雨,就会一蹶不振;因为优柔寡断,她们经常会错失很多机会……作为女孩的家长,我们应该明白这样一个道理:不娇不惯,不仅要让女孩在成长过程中感受到父母的爱,感受到家庭的幸福,更要赋予她独自面对未来、独自创造幸福的能力,培养出她的主见、自信、勇气、坚强、决断等关乎她一生成败的良好品质。

　　本书结合女孩的特点、个性以及成长规律，从不同角度出发，为父母提供了一套成功育女方案，使父母掌握教育的正确方向和科学方法，真正教到点子上。书中深刻分析了女孩与男孩的不同之处、女孩天性中的优缺点，以及母亲在养育女孩过程中所应起到的作用，统揽女孩成长过程中的教育问题及解决办法，全面介绍女孩的身体、心理、性格、气质、品质等各个方面的培养，指导父母培养出有素质、有能力、有眼光、有魅力的卓越女孩。静心阅读，用心思索，掌握了这些方法，你就会发现，想要养育出一个优秀的女孩并不是多么困难的事情！

目录

第一章
男女有别,走进女孩的别样天地

1 女孩比男孩更需要关注与爱 2
2 克服女孩天性中的弱点不容易 12
3 女孩也是家庭的决策成员 22

第二章
不娇不惯,理智地培养女孩

1 请告诉女孩尊严无小事 32
2 千万不能让你的女孩懒惰 39
3 鼓励她大胆去做 48

第三章
好关系胜过好教育,与女孩沟通很重要

1 多一点赏识,少一点苛求 58
2 一定要学会尊重女孩 65
3 拿捏好对女孩的保护度 73

第四章
良好"小"习惯，成就"大"未来

1 从小学会管理时间 ………………………………… 82
2 勤奋的人更懂得节俭 ………………………………… 88
3 将快乐变成一种习惯 ………………………………… 97

第五章
完美的女孩不任性，更理性

1 女孩认清自我才能更从容 …………………………… 106
2 能管住自己的女孩才有好未来 ……………………… 115
3 女孩因为知足，所以淡定 …………………………… 122

第六章
磨砺女孩的"逆商"，挫折有利于女孩的成长

1 女孩也要培养坚强品质 ……………………………… 130
2 "输得起"的女孩是教出来的 ………………………… 139
3 让女孩大声说出"我可以" …………………………… 148

第七章
好相貌不如好气质，打造女孩的优雅气质

1 妈妈要做女儿气质培养的第一人 …………………… 160
2 言谈举止，是一个女孩好修养的体现 ……………… 168
3 从容的女孩最出色 …………………………………… 174

第一章

男女有别，
走进女孩的别样天地

1
女孩比男孩更需要关注与爱

古典文学作品中形容一个女孩温婉美丽，就说她娇喘微微，似弱柳扶风；泪光点点，如梨花带雨。眼泪是很多女孩的撒手锏，遇到不如意的事情就会发发小姐脾气。哭是女性的发泄方式，但是总是喜欢哭的女孩可不招人喜欢。

芬妮是家中的独生女，也是爷爷奶奶的掌上明珠。她长得非常可爱，伶牙俐齿也非常招人喜欢，唯一的缺点就是太爱哭了。她小时候爱哭，别人都说过了这个年龄就好了。但是现在已经是一个高中生了，每次考试砸了会哭，老师批评了也哭，朋友闹矛盾了痛哭，和父母因为小事情赌气，也在自己的房间里哭个不停。芬妮没有什么好朋友，因为大家都受不了她总是流眼泪的性格。男孩子们叫她"泪汪汪"，女孩子们也在私下叫她"水汽包"，芬妮还为此大哭一场，让一家人都不知道怎么办才好。

妈妈一直想治一治芬妮的"泪眼"，因为她知道，现在她在家里哭了有人让着她，但是在外面哭多了，别人还会嫌弃她，不想和她合作。有一天，芬妮的妈妈在报刊上读到一个女性的故事，很受触动，于是把这个故事讲给了自己的女儿。

故事的主人公叫作吴健雄，这个名字听起来很阳刚，其实是一位才华横溢的女性，一个被诸多诺贝尔奖获得者推崇的、对人类科学的贡献更胜过居里夫人的华人女科学家。

吴健雄出生在江苏太仓浏河镇，那是一个典型的江南小镇，小桥流水，烟雨蒙蒙。她的父亲是一位开明人士，曾在著名的上海南洋公学读书，参加了蔡元培先生主办的倡导"学术自由、兼容并蓄"的爱国学社，并加入孙中山先生的同盟会，参加上海商团。

父亲是个多才多艺的人，他自己动手装了一台收音机，让吴健雄听到无线电广播的声音，还为她买百科小丛书，给她讲述科学趣闻。当时很多人还相信"女子无才便是德"的古训，开明的父亲却鼓励女儿上学读书。吴健雄七岁时便进校受启蒙教育。父亲在课余常带女儿出去玩，寻觅家乡的历史古迹，向女儿讲述郑和率船队下西洋的故事。

在苏州女师读书时，吴健雄第一次聆听了胡适的演讲。胡适的讲题是《摩登妇女》，他的话语让坐在台下的吴健雄眼界大开，当得知胡适第二天在东吴大学还有一场演讲的时候，吴健雄又到东吴大学再次聆听。胡适对社会改造、对新时代妇女的见解，让吴健雄大为赞叹。大师的智慧，点亮了一个普通女生内心对知识和世界的好奇之火。

1929年，吴健雄以优异的成绩从女师毕业，被保送到南京中央大学。但当时规定要教书一年才能入学，她就跑到上海的中国公学读书。那时胡适并不认识她,只听说过"吴健雄"这个人是一个成绩优秀的学生。

有一次历史考试,胡适担任监考老师,他发现坐在前排的一个女生两个小时就答完了题,第一个交卷。胡适浏览了一遍她的试卷,十分满意,就把卷子送到教务处,正巧遇上另外两位老师,胡适兴奋地说:"我还从来没有见过一个学生,对清朝三百年的思想史能理解得那么透彻。"胡适决定给她100分。那两位老师也说有个女生十分聪颖,常得满分,当三个人各自把那位女生的名字写下来,一对照,写的都是"吴健雄"这个名字。

从此,胡适对吴健雄寄予了很高的希望。1936年,吴健雄离开战乱的祖国到美国加利福尼亚大学读博士,那时候她还是一个英文讲得不太流利的姑娘。但是几年之后,她已经能在世界上最好的物理实验室里工作了。

到美国参加哈佛大学300周年纪念演讲之际,胡适还专门去看望了吴健雄,并给她写了封长信:"你是很聪明的人,千万珍重自爱,将来成就未可限量,""你在海外驻留期间,多留意此邦文物,多读文史的书,多读其他科学,使胸襟阔大,使见解高明。"

读书人是"家事国事天下事,事事关心",吴健雄虽为一介女流,但也对祖国命运非常关注。吴健雄的大学时代正是民族危亡的时期,她足不出户地用功看书。大一时发生了"九一八事变",莘莘学子愤怒了,纷纷拥向街头游行示威。物理系同学推荐品学兼优的吴健雄做游行请愿的领头人,她当仁不让。

在美国留学期间,她偶遇同学,看到对方处境窘迫,吴健雄硬是拉着她的行李搬到自己家中,给她腾了一间宽敞的房子,并且出双倍的价钱买这个同学的画作。由于她在物理学上的贡献和出众的人品,很多人总是拿她和居里夫人对照,有人评价说:"吴健雄在各方面的表现,更甚于西方的居里夫人。她不只教学,她在管理、领导上展现的才能,提倡两性平权的见识,令人如坐春风的处世风格,实在叫人折服。"

虽然在物理学上成就突出,但她没有获得诺贝尔奖。很多人都为此抱不平,为西方对东方的偏见、对东方女性的偏见而呐喊,但她本人并不介意。十多年后,以色列人设立了沃尔芙奖,专为那些应得而未得到诺贝尔奖者而设,吴健雄是该奖第一位得主。

"真的想不到,科学界还有这样一位了不起的华人女性。"妈妈讲完吴健雄的故事,等待女儿接话,但是女儿一时间并没有怎么说话。她自己拿过报刊,又把故事读了一遍,然后说:"妈,帮我买一本吴健雄的传记怎么样?"妈妈一听,欢喜得不得了,马上咨询老师,给女儿买了好几本著名女性的传记,和女儿一起看,渐渐地,这个爱哭泣的小姑娘真的就不轻易流眼泪了。

女孩子都有一种"表演"的情结,你越是在意她的一举一动,她就越是想表演给你看。就像有些人在有客人的时候会格外娇气,只有家里几个人的时候就很正常一样。这是人之常情。不过,当女孩因为一件小事情而流眼泪的时候,如果她是故意给你看的,你就假装没有看见好了。像往常一样看看报纸、喝茶聊天,就像把她忘了一样。当没有观众的时候,她就自己停下来了。次数多了,她也会觉得没有意思的。

在美国,很多家庭都主张用放任的教育方式来处理孩子们发脾气的问题。就是当孩子开始发脾气的时候,把他一个人扔在一边不管他,等他自己觉得没有意思了,也就冷静下来了。

不过,一定要注意的是,当女孩在真正受了委屈或者很脆弱的时候,爸爸妈妈还是要第一时间站在她身边。

● 建议一:妈妈是女儿最亲近的朋友

在家庭关系中,母女是最特别的一对。有人说女儿是父亲前世的情人,那么女儿就是母亲前世的情敌。今生做母女,既有妈妈与女儿之间的血脉之情,也有抢夺关爱和家庭地位的"斗争"。这样奇怪而有趣的关系,也只能母女之间才有。

现在独生子女居多,妈妈不像过去那样需要对好几个孩子负责,如果家里只有一个女孩的话,很容易产生问题。因为妈妈的注意力都集中在女儿身上了,她可能有时候达不到妈妈的标准,就会被责骂。很多妈妈极力想建设好自己和女儿的关系,但到头来都是徒劳——因为妈妈没有把握好和女儿的距离,其实,你们只要做最好的朋友就好。

朋友就是相互理解,支持,尊重,并且能够始终保持一定的距离。

对于每一个人来说，当自己产生喜怒哀乐的情绪时，总想和人一起分享。我们成年人，有和人分享的心理需要，同样，女孩也需要人与她分享生活中的喜怒哀乐。倾听并分享女孩的喜怒哀乐，有利于协调父母与女孩之间的关系，让女孩感到父母在关心、爱护她，从而取得女孩的信任。

在家庭教育中，妈妈和孩子相处的时间明显多于爸爸，这时候女儿对爱的需求主要从妈妈身上得到满足。妈妈需要认识到女孩的心理特点：

第一，女孩希望有人耐心地倾听她们的告白。

女孩在找父母聊天时，和男孩希望得到建议和帮助不同，她更希望父母能专注与感兴趣地倾听，分享她沮丧的感觉或宣泄她遇到的问题或者她的开心喜悦。

沟通对她们来说很重要，她需要的是支持而不是解决问题的途径，因为在女孩的思维里，发泄完了，问题就解决了，情绪也就随之好起来了。

如果女孩在和你讨论问题的时候你不能了解她的感受，反而自以为是地提供一连串解决问题的答案或者敷衍应付，女孩会变得不愿意继续交谈。

瑶瑶放学回到家后，她迫不及待地和妈妈分享这天的感受。
瑶瑶："当班长太累了，又要自己学习，还要维持纪律。"
妈妈："既然不喜欢，就和老师说说不做了。"

瑶瑶："可是我也很喜欢做班长，它让我觉得很光荣。"
妈妈："既然你喜欢，那就不要再嚷嚷着说累了。"
瑶瑶沮丧："可是喜欢不代表不累啊！"
妈妈无奈："真不知道你到底要说什么。"
……

谈过话后，瑶瑶只觉得情绪无处发泄，她不愿意继续交谈，因为她觉得无趣极了。

如果妈妈换一种谈话方式，更注意倾听，谈话的效果就会有明显的不同。

瑶瑶："当班长太累了，又要自己学习，还要维持纪律。"
妈妈："你今天好像很累。"
瑶瑶："是啊，当班长让我觉得很光荣，可却也让我总觉得有压力。"
妈妈："嗯，我明白你的感受，我也曾经有过这样的情况。"
瑶瑶："我该怎么做才好呢，真头疼。"
妈妈："妈妈相信你一定能处理好的，来，让妈妈抱抱你。"
瑶瑶："谢谢你，妈妈，我觉得舒服多了。"

瑶瑶继续这样不停地讲着，她很兴奋，喜欢和妈妈说话，因为妈妈愿意当她的听众。

从上面的例子我们可以看出，女孩更需要的是倾听。

第二，大胆地帮助女孩，她会觉得更受珍视。

如果男孩不找你，你千万不要主动帮助他，因为他会受到伤害。这个警告并不适用于女孩。女孩通常认为若有人肯帮助她，那是在她的帽子上添饰羽毛，让她觉得自己可爱又受珍视。

第三，女孩喜欢被人珍视的感觉，因此，请尽量表现你对她的爱。

相比男孩喜欢被需要的感觉，女孩更希望自己被珍视。如果女孩发现自己被人珍视和喜爱，就会让她有一种莫名的满足感。

如果女孩在爸爸妈妈那里得到更多的亲切、爱心和体贴，那么女孩会更有安全感。和家人或者朋友畅所欲言，是培养双方关系的大好机会。父母们应该给女孩更多的爱，但必须有一个前提：在不把女孩看成"弱者"的基础上。只有在父母理性的爱的呵护下，女孩才能独立，才能更快成长。如果父母对女孩的感觉表示兴趣、关心她关心的问题时，女孩就会觉得被爱。

要让女孩有这种体验，我们应该注意以下两个方面：

当女儿请求你为她做些事情时，与其说"没问题"不如说"我很乐意去做"。

经常送一些小礼物给女儿，在女儿眼里，她看到的不是礼物，而是礼物装载的满满的珍爱。

第四，分享女孩的沮丧与无助。

女孩面对压力时，会愈来愈不知所措和变得情绪化。她们希望有人在这个时候了解并且帮助她。而父母这时候最应该做的就是和她一起谈论问题的细节,然后分享她的沮丧、迷惑、无助的感觉,这样女孩就会感到不再孤单,而是感到舒服和快乐。

譬如女孩受压力时,会抱怨:

我学习成绩总是上不去。

为什么我长得这么普通,而我特别讨厌的那个女孩却那么漂亮。

该死的考试,什么时候才能结束?

女孩通过类似的话来表达她的烦恼、失望和挫折。如果倾听者关心她的挫折与失望,她会感到受支持,当然,她并不需要你的解决方案,她需要的只是发泄,如果有人听她抱怨,不用太长时间,她自己的情绪就会慢慢好转,不再觉得这些是压力。

第五,女孩更关注自己的人际关系。

相对于男孩而言,女孩更关注自己的人际关系,女孩们喜欢根据各自个性上的差异,组成一个个趣味相投的小团体,如果女孩不能被团体接受,她会觉得被孤立了,从而产生自卑、怯懦等不良情绪。因此,我们应该鼓励女孩结交朋友,并对其加以适当的引导。

女孩如果自己的人际关系出现问题,如和好朋友吵架、父母对她提出批评等,都会直接伤害到女孩的心灵,她们会觉得自己的付出没有得到相应的回报或者父母不再爱她等心理不良情绪。

另外,与同龄女孩的交往。她们会两两组成"最好的朋友",而且会时不时地闹闹小矛盾,这时候妈妈千万不要给女孩讲一些

"珍惜友谊"之类的大道理，最好的办法就是听女孩倾诉，然后让她自己解决问题。

● 建议二：爸爸要多给女儿欣赏和信任

父亲是女孩生命中的第一位异性，如果父亲希望自己的女儿将来能充满自信地和异性相处，首先就要要求自己在和女儿相处的时候做到欣赏她、信任她。

从最简单的外貌上来说，有的女孩越来越美丽，有的女孩却越长越没有气质了。这其中父亲的影响很重要。

当然，父亲对女儿的影响力绝对不仅仅限于穿什么衣服的问题，如果父亲们希望女儿能够选择最适合自己的人生道路，并能够坚持下去，那么最好一直不停地给女儿鼓励和信任。有的父亲喜欢对女儿采取高压的政策，以为这样就能防止女儿走上人生歧路，其实这样做只会影响父女之间的关系。

如果站在欣赏和信任的角度去看待你的女孩，你会发现她身上有很多可取之处；如果你能及时让她知道这些是她的优势，她就能朝着这个优势一直发展下去。其实成年人之间也是需要不断的鼓励和信任的，父女之间，就更是如此了。

爸爸千万不要在女儿面前说妈妈的坏话，不仅不利于母女关系，而且影响自己在女儿心目中的形象。母亲是女儿的榜样，那么父亲就要保护好女儿的榜样。像莎莎的爸爸那样做，保护女儿的童心，保持母亲的形象，也就是在培养自己和女儿的感情。

克服女孩天性中的弱点不容易

嫉妒是人固有的一种心理，即对才能、际遇、名誉、地位比自己好的人怀有怨恨的情感。它是一种负面情绪，是人际交往中的不利因素。

嫉妒是基本人性之一，只不过有的人会把嫉妒表现出来，有的人则把嫉妒深埋在心底。

嫉妒是无所不在的，朋友之间、同事之间、兄弟之间、夫妻之间、亲子之间，都有嫉妒的存在，而这些嫉妒一旦处理失当，就会形成足以毁灭一个人的烈火。朋友、同学、同事之间嫉妒的产生都是因为以下的情况，例如："他的成绩又不见得比我好，可是老师却喜欢他！""他和我是同班同学，在校成绩又不比我好，可是竟然比我发达，比我有钱！"换句话说，如果你受到了肯定或奖赏、获得某种荣誉时，那么你就有可能被同学或同事中的某一位(或多位)嫉妒。女孩的嫉妒会表现在行为上，说些"哼，有什么了不起"之类的话，但男孩的嫉妒通常摆在心里，有的摆在心里也就算了，有的则开始跟你作对，表现出不合作的态度。

有嫉妒之心者，也往往自高自大，认为"老子天下第一"，从而看不起别人，无视别人的成绩，贬他人的才干如草芥。而当别人取得一些成绩时，他的心理便会失去平衡，总会千方百计地给那些优于自己者制造出种种麻烦和障碍：或打小报告，无中生有，唯恐天下不乱；或做扩音器，把一件小小的事情闹得满城风雨。嫉妒者还终日郁郁寡欢，唉声叹气。只有被嫉妒者降到了与他一样的或较低的位置，他们才认为这样可以理所当然地消除妒气了，从而偃旗息鼓。这也正应了"小人长戚戚，君子坦荡荡"一说，嫉妒别人者当也属于小人之列。

本来，嫉妒是人类的一种普遍的情绪，它源于人类的竞争，其本身具有一定的生物学意义，或起积极作用，或起消极作用。有些人嫉妒是出于不服与自惭而不甘居下，奋发努力，力争上游，这就是积极的心理与行为。这种情形在充满竞争的现代社会里，更有其积极的意义。爱情当中的嫉妒也是有一定积极意义的。爱情具有强烈的排他性，自己的恋人如果反对你同别的异性接触和交往，正是反映了他(她)对你的爱的程度。相反，如果从不"吃醋"，毫无嫉妒心，那么也许你们之间的关系还只是"喜欢"水平的友谊，而不是爱情。莎士比亚就曾经把嫉妒视作爱情的"卫道士"。

嫉妒心理出现以后，很快地就会导致嫉妒行为，例如中伤别人、怨恨别人、诋毁别人。而更强烈的嫉妒心理还有报复性，它把嫉妒对象作为发泄的目标，使其蒙受巨大的精神或肉体的损伤。青年的嫉妒心理出现以后，如果不能直接用某种嫉妒行为达到目的时，就可能会转而等着看嫉妒对象的"好事"，稍有一点挫折或失败出现在嫉妒对象身上时，他们便幸灾乐祸，鼓倒掌、喝倒彩，以此挖苦对方，满足日益膨胀的嫉妒心理需要。如果嫉妒对象遭受到比较大的挫折，他们更是乐不可支，不给予半点同情和安慰。

实际上，嫉妒心理及相应的嫉妒行为除了暂时地平衡他们的心理之外，毫无可取之处。一方面，身受其害的嫉妒对象会远离这个"作恶多端"的嫉妒者，旁观者也会对嫉妒者的小人行径不满，嫉妒者以前建立的一些人际关系也可能由此而失于和谐，变得紧张起来。

另一方面，嫉妒者也并不是一个胜利者，他们自己也承受着巨大的心理痛苦，在以后的交往活动中也会裹足不前，不敢与那些条件优越或有很强能力的人交往。所幸的是，严重的嫉妒心理在大多数人那里找不到生长的温床，只有心胸狭隘的人容不得别人比自己有半点的超出，在交往中，心胸狭隘的特点更是暴露无遗。他们总希望别人都围着自己转，一旦满足不了这个愿望时，他们就会发脾气。他们还会因一些微不足道的事而产生嫉妒心理，别人在外貌、财富、学识、地位、爱情等方面的差别（主要是优越），都可以成为滋生嫉妒的基础，例如，别人因面容端正可爱成为焦点，他（她）就会嫉妒得暴跳如雷。这些心胸狭隘的人往往还缺乏修养，他们在本不该产生嫉妒心理时却产生嫉妒的怨恨之后，总是不能控制情绪的发展，更不能将其转化到积极的方面，而是立即将嫉妒心理转变成嫉妒行动，一直到发泄了怨恨、平衡了心理之后，方才罢休。

就拿周瑜来说，一生度量太窄的周瑜，在取得火烧赤壁大战成功后，竟容不下与他共同抗曹的诸葛亮的存在，并密令部将丁奉、徐盛击杀诸葛亮。不料诸葛亮早有准备，密杀不成。为此，周瑜万分气愤。几次阴谋不成，使得周瑜一次比一次气憋于心。最后被"气死"了。

周瑜在临死之前，非但未能悔悟自己的致命弱点，反而含恨仰天长叹曰："既生瑜，何生亮？"可见嫉才之心，到死也不肯更改。

建议一：指责嫉妒不如倾听嫉妒

盈盈和嘉怡小学时就是形影不离的好朋友。两个小伙伴更是整天在一起玩，晚上放学后也一起写作业，有了喜欢的东西也喜欢和对方分享。

但最近，妈妈发现，盈盈对嘉怡有些反感，最近一直没理嘉怡。妈妈感到很奇怪。

这天放学后，电话响了，妈妈接起来后，是嘉怡打来找盈盈一起出去玩的。

"盈盈，嘉怡叫你一起出去玩。"妈妈叫盈盈接电话。

"我不去，就说我正在写作业呢。"盈盈闷闷地说。

"盈盈，你怎么了？"妈妈握着电话不知道该怎么说。

"我都说了不去了，真烦。"

"对不起啊，嘉怡，盈盈她有点不舒服，今天就不去找你玩了，明天让她过去找你好吗？"妈妈只好这样告诉嘉怡。

放下电话后,妈妈问女儿:"盈盈,你怎么不理嘉怡了,你们不是好朋友吗?"

"没有呀,只是我今天心情不好。"

晚上吃晚饭时,爸爸说:"盈盈,听说嘉怡被评为'市三好学生'了,怎么没听你说过啊?"盈盈突然就放下了碗筷,一脸的不服气:"哼,那有什么了不起的!真是的,有了一点点的成绩就到处炫耀……"

妈妈忽然明白了,怪不得盈盈最近不理嘉怡呢,原来嘉怡被评为了"市三好学生",而盈盈却与此无缘,多年的好朋友之间出现了不平等。于是盈盈因为嫉妒,而不愿意与嘉怡交往了。

孩子的嫉妒心理从很小的时候就会有所反映,有人做过实验,15个月的孩子,如果妈妈当着他的面抱别的孩子,他就会有所反应,非要让妈妈放下别人抱自己,并紧紧搂住妈妈,好像在说:"这是我的妈妈,不是你的。"

生活中,好多种情况都能使女孩产生嫉妒心:比如,妈妈夸赞别的小朋友,自家的女孩就会嫉妒。如果别的小朋友有一个好看的芭比娃娃,自己没有,心里就会不好受。

和男孩相比,女孩更容易产生嫉妒心理,因为女孩子更容易专注于一件事,并且好强,自尊心极其强烈。尤其现在的城市家庭大都是一个孩子,由于整天众星捧月一般地宠着孩子,许多孩子都染上了"娇""骄"二气,绝对不允许别人比自己做得好,也不愿听夸奖别人的话，所以嫉妒早已成为女孩子一种愈来愈严重的通病。这种可恶的"病毒"还使得女孩的美丽大打折扣。

面对女孩的嫉妒，父母也无须烦恼，最重要的是要帮助她摆脱嫉妒心理，使嫉妒朝良性方面发展，比如去欣赏别人，虚心向别人学习，赞美他人。

其实，家长们与其指责孩子嫉妒，不如倾听一下孩子为何嫉妒。女孩对他人拥有的自己不具备或得不到的东西，往往会产生一种由羡慕转化为嫉妒的心理，这是很正常的现象。父母平时应该多和女孩接触交流，及时掌握女孩的心理变化，了解女孩嫉妒的直接起因，耐心倾听女孩的心理感受。要知道，女孩的嫉妒是直观、真实甚至自然的，它完全不像成年人那样掺杂着许多其他的社会因素，它只是女孩们对自己愿望不能实现而产生的一种本能的心理反应。因此，当女孩显露出其嫉妒心时，作为家长，千万不要严加批评指责，而是倾听、理解他的愤怒、不安、烦躁等不良情绪。在女孩倾诉完之后，要为他正确分析与他人产生差距的原因，积极寻找缩短差距的途径和方法，以便使女孩能正确与他人进行比较，以积极的方式缩短实际存在的差距，最终化解内心的不平衡。

此外，还要在平时生活中培养女孩豁达乐观的性格。告诉女孩每个人都有自己的优势和长处，但同时也都有各自的不足和短处，任何方面都比别人强是不可能也是没有必要的道理。引导女孩们发挥自己的长处，扬长避短，在学习和生活中学会正视、欣赏别人的优势和长处，从而能够向别人学习、借鉴，以弥补自己的不足，用自己的成功来赢得别人的喝彩。

家长可以教给女孩用自我转换法和自我抑制法宣泄嫉妒这种负面情绪。

引导女孩进行合理的自我转换，不把时间浪费在抱怨外在环境上，而是去积极给自己充电。比如作家爱德蒙德·威尔逊在看到同行写的《了不起的盖茨比》时，非常嫉妒其对戏剧场面的营造。但他马上将嫉妒转换成成功，写出了许多充满激情、技巧高超的作品。

家长还可以建议女孩找一个较知心的朋友或亲友，痛痛快快地说个够，暂求心理的平衡，然后由亲友适时进行一番开导。这样做虽然不能从根本上克服嫉妒心理，却能中断这种发泄性朝着更深的程度发展。如有一定的爱好，则可借助各种业余爱好来宣泄和疏导，如唱歌、跳舞、书画、下棋、旅游等。

● 建议二：怎样帮助女孩克服自己的嫉妒心

今天回到家，冉冉有点闷闷不乐的。

这次期中班会总结，冉冉考了全班的第十一名，这个成绩令她分外不爽。早在考试之前，老师有言在先，这次考试能考进全班前十名的同学有奖品。要不是有这个前提条件，冉冉可能真的没有这么大的动力好好学习呢！谁知道会这么不争气，考了一个十一名，而且更可气的是，那个第十名的同学原本成绩没有冉冉的总分数高，但是后来她发现老师给她算错成绩了，结果以高过冉冉2分的优势成为全班第十名。

冉冉心里真是觉得窝气！反反复复地核卷子，希望能找出两分来，再超过她。

可是，冉冉把所有试卷翻了个遍，都没有找到一处可以加分的地方。

班会上，老师给前十名的同学颁发了奖品，是很高级的文具套装礼盒。冉冉坐在下面，内心别提多心酸了，因为那奖品原本是可以属于自己的。

"哼，你等着吧，下次我一定会超过你的。"

"哼哼，叫你下次考试的时候拉肚子，让你成绩再超过我。"

"哼哼哼，看她那胖胖的样子，以后肯定会越来越笨。"

总之，冉冉在心里一直咒骂着她，并且由衷地希望在下一次她真的会不如自己。

其实，冉冉的这种心理就叫嫉妒心。黑格尔曾说，"嫉妒是平庸的情调对于卓越才能的反感"。嫉妒是一种心理缺陷。在日常生活中，嫉妒的存在是很普遍的。英国科学家培根说："在人类的一切情欲中，嫉妒之情恐怕要算作最顽强、最持久了。"

那么，如何避免和调适嫉妒型性格使其不再嫉妒、不再产生挫折呢？

第一，竞争、进步、向上。嫉妒别人的人往往是把宝贵的时间用在嫉妒别人身上，而自己却产生焦虑、悲哀、猜疑、消沉、烦恼、敌意等不良情绪，这是一种最愚蠢的做法。为什么要嫉妒他人呢？你把对方的长处学习、借鉴过来，不就成了自己的宝贵财富吗？光阴似箭，人生苦短，与其将有限的精力耗在嫉妒他人的成功上，不如抓住时机做几件实实在在的事更有意义。就像鲁迅说的那样"不要只用力于抹杀对手，使他和自己一样空无，而应该跨过那站着的前人，比前人更加高大"。我们可以把鲁迅指的前人理解为走在自己前面的人、比自己先成功的人，包括和自己生活在同一生活时间和空间的人。生活中的嫉妒主要发生在同一环境、同一领域中的人中间。普列汉诺夫曾说："在人类智慧发展史上，因为某一个人物成功而妨碍另一个人物获得成功的情形是稀少无比的。"一个观点的提出，一项研究的成功，留给后人的是新开拓的领域和道路，因而供人驰骋的天地更加广阔无比。在科学的领域里如此，在其他领域里也如此。只要你敢于奋斗，并且不断提高自己的能力和竞争的心理素质，你一定能以真才实学赶上和超过别人。嫉妒这种负面情感是阻止青少年朋友前进的拦路虎。当你全心全意地去为自己的事业奋斗时，就不会有时间去嫉妒别人了，因为"嫉妒是一种四处游荡的情绪，能享用它的只能是闲人"。

第二，"酸葡萄"与"甜柠檬"自慰法。"酸葡萄"心理是指自己得不到的东西，便故意贬低它的价值，以使自己感到心安，抵消心中的不服气。伊索寓言中，狐狸吃不到葡萄说葡萄酸的故事众所周知。这说明想吃葡萄而吃不到的人用贬低葡萄的办法来求得心理平衡。意思是说，不好的东西我得不到也无所谓，这虽然是一种自欺欺人的办法，但只要能安慰自己不去嫉妒别人也算是可取的。"甜柠檬"心理是指一个人知道自己眼下的境况很不理想，却强迫自己说："这不是也挺好的嘛。"鲁迅笔下的阿Q精神，其精华部分就是精神胜利法，即知足常乐。一旦知足常乐了，就不会去嫉妒别人。

第三，帮助敌对者可以消除嫉妒。当你发现你所嫉妒的人需要有人帮助去办成一件事情时，你就全心全意地去帮助他。这时，你与他的目标一致了，就会由嫉妒他的心理而转向为共同的目标奋斗的心理了。当这件有意义的事情完成后，你从他身上学到了不少长处，你们也由敌意者变成合作者了。

嫉妒是愚人的做法，它害人又害己。家长们应当十分注意消除女孩的嫉妒心理，避免嫉妒贻害女孩身心健康。

3
女孩也是家庭的决策成员

凡凡是班上的一位"小不点"同学,之所以叫她"小不点",一则是因为她长得比较小,二则是因为她的心理年龄也很小。周末放学回家了,这个"小不点"同学不会和同学们一起坐公交车回家,而是等妈妈开着车子来接她。在平日上课的时候,她的妈妈也会隔三岔五地来看她,送点好吃的点心或是应季新到的新鲜水果,总之,"小不点"同学就是在妈妈的细心呵护下成长,不会受一点委屈,所以也就习惯地依赖妈妈了。

如果妈妈不在,"小不点"同学也会和同学们相处得很好,看上去乖乖的。不过她的行为习惯还是特别像个小孩子,自己很难独立,如果别人说去哪里,她总是像一只小尾巴跟着大家。虽然大家都很爱护凡凡,但即便是同龄人也会觉得她和大家有代沟,所以和"小不点"同学的谈话很难深入。

凡凡的妈妈也为她的孩子感到担忧:"我的小不点啊,你以后长大了可怎么办啊?"

上例中的凡凡很有可能存在着比较严重的依赖型人格障碍。

依赖型人格障碍是一种以依赖心理为主要特征的人格障碍类型，青少年患者一般缺乏自信、自以为难以独立、自愿从属别人、任凭别人左右，如学业、职业的选择需要靠父母和他人决定，为了获得别人的帮助，不惜逢迎讨好。

这种依赖性的人格障碍一般是源于个人发展的早期。有的父母过分溺爱子女，并且鼓励子女依赖父母，不让他们有长大和自立的机会，以致久而久之，在孩子的心中就会逐渐产生对父母或是权威的依赖心理，长大之后依然不能自主，缺乏自信心，总是依靠他人来做决定，终身不能负担起独立选择采纳各项任务、工作的责任，形成依赖性人格障碍。

对这种依赖性人格障碍的治疗，可以采用如下的方法：

1. 习惯纠正法

依赖型人格的依赖行为已成为一种习惯，治疗首先必须破除这种不良习惯。仔细检查女孩的行为中哪些是习惯性地依赖别人去做，哪些是自己决定的。对于自主意识强的事件，以后遇到同样的情况应该鼓励女孩坚持自己的决定。

2. 重建自信法

如果只是简单地破除了依赖的习惯，而不从根本上找原因，那么依赖的行为也可能复发。重建自信的方法便是从根本上加以矫正女孩依赖型人格障碍。

第一步，清除童年的不良印迹。依赖型一般都缺乏自信，自我意识十分低下，这与童年时期的不良教育在心中留下的自卑痕迹有关。最好的方法是回忆童年时父母长辈说过的对自己有不良影响的话,比如:"你真笨,什么也做不出来。""瞧你那笨手笨脚的样子"等,把这些话仔细地整理出来,然后一条一条加以认知重构。

第二步,重建勇气。可以选作一些略带冒险性的故事,每周做一项,例如:独自一人到附近风景点做短途旅行;独自一人去参加一项娱乐活动或是一周规定一天"自主日",这一日不论什么事情,绝不依赖他人,通过做这些事情,可以增加勇气,改变以往事事依赖他人的弱点。

建议一:在女孩面前不要太强势

在我们的周围,总会看到这样的现象:

"去,给我回家写作业去!"

"不准说话,赶紧吃饭!"

"今天必须去辅导班听课⋯⋯"

在父母教育女孩的过程中,很多家长都忽略了,女孩是发展中的个体,具有独立的人格和鲜明的个性心理特征,在向周围世界学习的过程中,她们处于主体地位,是学习的主人,家长应培养富有创造性和主动精神的女孩,让她们在探索中发现,在发现中提高和成长。

因此,了解女孩、尊重女孩、激励女孩、诱导女孩是成功的教育方法,强迫责令,以成人为中心,往往使女孩被动,收不到好效果。命令的方式应慎用，绝对不能滥用。

对此，女孩家长在与女孩的沟通过程中要注意自己的方式，如何说女孩才肯听，如何听女孩才肯说呢？

仔细分析一下，女孩不愿意听从家长命令的原因，不外乎这几种：

（1）当女孩玩得开心之时，家长硬性命令女孩去洗脸，孩子不去，成人便强硬拖着女孩去洗，孩子很委屈，有时还大哭大嚷。其实，只要好言相劝，或能使女孩快快洗了脸又来玩，或稍等片刻再去洗，让孩子再玩得开心一些，这样反而更好。

（2）当女孩用手抓饭吃，妈妈打了一下手，女孩哭了，正在哭得喘不过气来之时，爸爸命令女孩："不要哭，闭上嘴！"女孩怎能一下子憋住这口气呢？纵然成人是一番好心去教子，但实际上起了摧残心灵、摧残健康的副作用，这种命令是女孩不能执行，听从不了，也不应该听从的。

（3）有时一些可听从、可不听从的命令多了，反而会强化女孩不听从命令的习惯。家长在命令女孩时，应该注意不多用、不滥用"命令"，一旦运用便要求女孩认真执行，鼓励肯定女孩执行命令的优点。"命令"要下在女孩有可能接受、有时间准备、又能尝试成功的点子上。尽可能让女孩会乐意去执行，而且会完成得挺好。当命令执行不好的时候，要帮助女孩检查原因，改正错误，并鼓励她下次完成好。

家长也可以尝试着把自己在工作单位执行命令的情况，编成小故事，讲给女孩听，启发女孩的学习和模仿能力。

对家长而言，和女孩交流沟通绝对不是一件无足轻重的小事，它关系到家长与女孩之间的和谐关系，关系到对女孩求知欲的培养以及对其人格的尊重。但遗憾的是：现代家庭教育中，与女孩的有效沟通总是被忽视。

父母应该重视与女孩的沟通，这样才能走进她的内心世界，知道女孩在做什么、想什么，才能更切合实际地为女孩的成长提供一个良好的环境。与女孩沟通就应该像对待大人那样对待女孩的提问。

这个时候，父母首先应意识到不能马马虎虎回答女孩提的问题，而要尽量拿出合乎道理的解答。大人采用有逻辑性的、科学的回答方式，是想让女孩能正确认识问题。但在女孩看来，无论对其做什么样的回答，都不能全部消除其疑问，因此，大人就没有必要一定坚持回答的正确性。

同时，很多人会问，如何用沟通代替命令，跟女孩成功地沟通呢？

教育专家给我们的建议如下：

第一，成功的家庭沟通，应该注意以下因素：理解、关怀、接纳、依赖和尊重。理解要求父母孩子双方能够设身处地地为他人着想；关怀不但存在于内心，更要切实付诸行动；接纳要求考虑到每个人的个性，懂得欣赏人们身上的优点；依赖是要做到既信任别人也信任自己；而尊重是指尊重他人特别是女孩的权利，尊重她们的意见和选择。

第二，要建立一种积极健康的家庭沟通交流关系，应该改变父母是决策人、孩子是接受者这样僵化的家庭角色的分配。父母在家庭教育中应该懂得进行角色交换，每一个家庭成员都可以对他表述的愿望予以积极地辩解。

当女孩能够参与讨论家里的通常是成年人的问题时，她才能够更好地理解父母，而父母一方面可以调动孩子的主动性，使自己清楚地认识孩子的才干，另一方面可以得到有关自己教育的反馈信息。

综上，父母与女孩通过沟通，才能让女孩明白"理解、信任、承诺、准时"等观念的重要。通过沟通，最容易让女孩站在他人的立场上思考，也最容易让女孩养成理解他人的习惯。只有这样，女孩才有可能成为一个全面发展的优秀人才。

做家长的要学会沟通的艺术，当你的女孩"倔脾气"上来时，不要一味地责骂，学会与女孩交朋友，因为在女孩面前我们不仅仅是父母，还是女孩的朋友。家长应该设法巧妙地从与女孩的对抗中解脱出来，不应该继续与女孩抗衡下去，在女孩缓过了顶牛情绪，心平气和，情绪良好之时，也会接受意见，改正错误。

如果家长的命令不合适，应该做自我批评，这样会使女孩心服口服，因为平等的亲子关系，会给双方以好的感受。如果不来个缓解过程，既伤了心、又伤了身体，大家情绪都不好，甚至造成成人与女孩之间的隔阂。

● **建议二：用她的方式去爱她**

爱自己的女儿恐怕是这个世界上所有父母都能够做到的事，但是真正会爱女儿的父母却不多。因为爱也是一门艺术。尤其是对于女儿，要爱得适时、爱得适度、爱得得法都有一定的讲究。

爱女儿，首先就要从了解女儿开始，因为自己的女儿自己最清楚，这是大多数家长这样认为的，可是我们真正了解女儿多少呢？

我们了解她的欢乐吗？

我们了解她的寂寞吗？

我们了解她最讨厌的事吗？

大部分的家长都把眼光放在了5年、10年、20年甚至更长的时间之后，希望从小抓起，让自己的女儿成为一个好学生，好孩子，有用的人、出色的人。可是，家长们不能忽略的是，真正的爱应该以女孩的方式爱她，并不一定要女孩按照我们的期待来成长，而是让她成为一个快乐的人。

女孩在成长中最需要的是什么？女孩和男孩在成长过程中的需求有哪些不同？不知有多少父母问过自己这个问题，又有多少父母能够给出答案呢？

打个比方来说吧，女孩和男孩看到同一条河流，男孩注意到的是它的速度和水量，目测它的深度，并估量自己是否可以穿过它到达彼岸；而女孩会注意那些跳跃的浪花、晶莹的水珠，有的还会脱下鞋子跳进河里，顾不得水流里是否暗藏危险。

因为男孩与女孩本身的区别，决定了父母教育女孩与男孩方式的不同。

文文一家到郊区野餐。

在爸爸的鼓励下，文文开始寻找各种各样的小动物，并且捕捉它们，要带它们回家做标本。在看到一只野兔时，文文的哥哥兴奋得大叫："快看呐，有一只野兔，可惜我们离它太远了，不然我们一定能将它抓住，做一顿美味的野兔大餐。"

听到哥哥的话，文文也开始紧紧盯着那只兔子，目光中充满怜爱。

午餐的时候，哥哥把他们看见野兔的经历讲给妈妈听，语气中充满遗憾，没想到文文却说：

"为什么要吃掉那只兔子呢，也许他们也是一家人出来晒太阳，享受今天的好天气呢。你想想，要是有人把你带走，爸爸妈妈该多么难过！同样的道理，我们怎么能从野兔的家庭里夺走一个成员，更别说残忍地吃掉它了。"

从这个故事也可以看出，一般男孩富于攻击，女孩富有爱心，因为女孩思考问题迥异于男孩，所以女孩父母需要依据自身的性别特质来教养女孩。

男孩有一个特点是靠行动来表达自己。但女孩不同，她是靠语言来表达自己，同时，她也是在与父母的交流与沟通中来获取父母对她的爱。其实，当女孩还在摇篮里时，就强烈地希望父母与她交流，因此，当一个女婴感受不到父母对她的爱时，她就会哭闹不止，但当父母凑到她面前，跟她讲上几句话时，女婴便会停止哭泣，转而用笑声和挥动的手脚来向世界宣告：她因得到父母的爱而兴奋。

女孩与男孩相比，女孩更注重父母对自己的评价。所以当女孩在某一方面取得成绩的时候，父母应该及时地给予鼓励与表扬。

女孩和男孩的不同并不仅限于此，由于大脑的细微差距以及大脑中某个部位的发育先后顺序及程度不同，也造就了女孩与男孩的差异。

有时，女孩比男孩更敏感。"听"是女孩得天独厚的心智能力，因此女孩对噪声的反应更强烈，同一种声音在女孩听来要比男孩听到的响亮两倍；在触觉方面，最不敏感的女孩也要比最敏感的男孩得分高；女孩的视觉记忆更好，在黑暗中女孩看得要比男孩清楚；女孩的味觉和嗅觉也比男孩敏感：女孩有更多的味蕾，更容易受到气味的吸引。正因为此，女孩更擅长调动自己的听觉、视觉、触觉、味觉和嗅觉等，捕捉到那些微妙的、不容易被人发觉的信息以及更为具体的细节，建立起自己的直觉系统。

这些都是父母应该细心关注的地方。

第二章

不娇不惯，
理智地培养女孩

1
请告诉女孩尊严无小事

教育专家崔宇说："自尊心是孩子的生命之根，如果树根烂了，生命还有希望吗？"所言极是。尤其是女孩子，自尊心是她们成长过程中"变好"还是"变坏"的关键。一个没有自尊心的女孩子是可怕的，她可能什么都会不在乎，做错了事情也不想去吸取教训改正自己，从来不会想到自己的行为会对父母造成什么影响，更不觉得荣誉和别人的赞扬有什么值得追求的。如果女孩子到了这样的境地，就真的难以挽回了。

当然，绝大多数女孩都是自尊心极强的，如果女孩常常因为委屈而哭泣，对自己的成绩不满意等，就说明她有很强的自尊心。父母需要做的就是去引导孩子保护好自己的自尊。靠什么来保护？靠自己的努力和行动。这个世界是不公平的，没有人在乎你自己的自尊心，除非你能证明自己。可以说，没有行动力的人是无法和她谈自尊的，一个人只有用行动去证明自己，她才能维护好自己的自尊。

《简·爱》是外国文学中的佳作，其中就讲述了一个自尊自强的女孩的故事。孤女简从小失去父母，寄住在舅妈家，受尽了不公平的待遇，小小年纪就承受了别人无法想象的委屈和痛苦。成年后，她成了桑菲尔德贵族庄园的家庭教师。纯洁、热情、坦率、爱好真理的简爱上了雇主罗彻斯特。简有一段很有名的表白，成为现在很多女孩心中的座右铭：

"你难道认为，我会留下来甘愿做一个对你来说无足轻重的人？你以为我是一架机器？——一架没有感情的机器？能够容忍别人把一口面包从我嘴里抢走，把一滴生命之水从我杯子里泼掉？难道就因为我一贫如洗、默默无闻、长相平庸、个子瘦小，就没有灵魂，没有心肠了？——你不是想错了吗？——我的心灵跟你一样丰富，我的心胸跟你一样充实！要是上帝赐予我一点姿色和充足的财富，我会使你同我现在一样难分难舍，我不是根据习俗、常规，甚至也不是血肉之躯同你说话，而是我的灵魂同你的灵魂在对话，就仿佛我们两人穿过坟墓，站在上帝脚下，彼此平等——本来就如此！"

简的气魄和才情得到了无数读者的欣赏，而她的表白更是代表着无数女孩的心声。相信任何父母如果拥有这样一位女儿，即使她其貌不扬，也一定是令你感到骄傲无比的。如果你的女儿心中暗藏着这种自尊之心，你不用担心她会在财富和名誉面前丧失自我，因为她会一直奋斗，直到得到自己想要的生活。

女孩要在事业上取得一定的成就，首先就是要懂得欣赏自己，尊重自己。而教育者如果能够很好地树立女孩子的自尊心，就像给女孩的生命中植入了一个永动器，它会源源不断地给女孩输入行动的力量，而行动又将帮助她更好地确认自己，得到更多。

● 建议一：丢失什么都不能丢失尊严

3年前，我大学毕业了。像我这样的文凭，丝毫不会成为引以为荣的资本。每天挤在人头攒动的人才市场里，奔波于不同的公司，去初试、笔试和面试……应聘了20余次，却还是竹篮打水一场空。渐渐地，我有些心灰意冷了。

这时，一则广告说一家外资企业招聘一位谈判代表，便想做最后一搏。

那天早上，我早早地就出了门。本来以为会第一个到达，结果到那里一看，居然有几十位难兄难妹比我还早到，心中一下子就没底了。

初试、笔试都在流水线作业方式中结束，我有点佩服他们办事的效率。到最后总经理面试阶段时，只剩下15人。面试是单独进行的，没有轮到的在外面大厅候着。当我看到每个人走进那扇门用不了5分钟就垂头丧气地出来时，心中就更加没底了。

终于听到秘书叫我的名字了，我心情忐忑地起身朝总经理办公室走去。一推开门，我向那位总经理问好："您好，我来贵公司应聘谈判代表一职。"

那位总经理对我的话置若罔闻。他对面有一张椅子，也不招呼我坐下来谈。他这种傲慢的态度，深深地伤了我的自尊心。我大着胆子对他说："总经理先生，我可以坐下来吗？"

我的这一举动，出乎他的意料。他开始提问，其中一个问题伤害了我的尊严。

"夏先生，请问你有什么宗教信仰？"

"对不起，我没有什么宗教信仰。"

"一个人如果没有信仰，那是很可悲的！"

"总经理先生，我没有宗教信仰，却有尊严。在尊严面前，我与你完全平等。"

说完这番话，我就起身头也不回地朝办公室外走去。当我拉开门时，那位总经理站起来说："对不起，夏先生，刚才那是面试的内容。我十分荣幸，你被公司录取了。"

原来，招聘谈判代表的唯一要求就是：在任何条件下都不能放弃自己的尊严。

俄国现代主义艺术大师屠格涅夫说过："自尊自爱，作为一种力求完善的动力，却是一切伟大事业的渊源。"一个坚守自己尊严的人，不为表面的浮夸或者诱惑所改变立场的人，必定是一个有品格的人，内心坚定的人，对企业、对社会有责任感的人。也只有这样的人，才会在繁杂的工作生活中，保持自己的独特个性，形成自己的风格，做出更大的成就。

每个人在生活中，都或多或少会碰到尊严被侵犯的情况，那么，我们该如何维护自己的尊严呢？

不卑不亢是自尊的表现。如果你面对的是一个跟你一样的普通人，那么你会跟他友好交谈，亲切问候；如果你遇到了一个讨饭的乞丐，不要斜眼鄙视，满脸傲气，他也有属于自己的尊严，你应该像对待普通人一样正眼相对；如果你遇到了一个富贵华丽的有钱人或者高官，不要低头，不要谦卑，大方应对，礼貌待人，让他透过你的话语和行为看到你简朴外表下的尊贵灵魂；如果你遇到了一个傲慢至极的人，对你骂骂咧咧，十分粗鲁，那么克制自己，用绅士的礼节来对待他，让他感受到自己的龌龊，从心底开始尊敬你。

对任何人，都要保持一颗平等的心，不轻易低头，也不总是昂头，平视前方，用水平线上的目光来看待周围的人。不让自己过低，也克制自己过高，把尊严当成一道线，自己时刻处于线上，无论惊涛骇浪，风起云涌，那道线始终在那。这样，很久之后，你就会发现，你的这条线已经高过了很多人的，已经成了所有人都能看到的标杆。

● 建议二：告诉女孩可以穷活着，但不可以没尊严地活着

拉哈布·萨卡尔昂着头，大步地走着。他没带阳伞，对灼人的烈日毫不在意。拉哈布恪守自己的处世原则，他天生一副傲骨，不屈从任何人和事，也从不指望得到旁人的任何恩惠，追求的只是一辈子活得有尊严、有骨气。

拉哈布正走着，一个黄包车夫来到他身边。车夫摇着铃铛，问道："先生，您要车吗？"拉哈布转过头去，发现那个人瘦得

皮包骨头，目光里似乎包含着贪婪的神情。"只有那些没人性的家伙才会以人力车代步。"这是拉哈布坚定不移的观点。因此，他连轿子都没坐过一回，认为那简直就是犯罪。他用那粗布缝制的甘地服的袖子擦了擦额头上的汗珠，连声说道："不，不，我不要。"一面继续走自己的路。

黄包车夫拉着车子跟在他后面，一路不停地摇铃。突然间，拉哈布的脑子里闪出一个念头：也许拉车是这个穷人唯一生存的手段。拉哈布是个有学问的人，许多概念——资本主义、平等、穷苦人、上帝、劳动分配、农村的赤贫、工业、封建主义等，片刻之间都涌进了他脑海。他又一次回头看了看那黄包车夫——天哪，他是那样面黄肌瘦！拉哈布心里顿时对他生出了怜悯之情。

黄包车夫摇着铃铛，又招呼拉哈布道："来吧，先生！我送您，您要去哪里？"

"去希布塔拉。你要多少钱？""6便士。"

"好吧，你跟我来！"拉哈布·萨卡尔继续步行。

"请上车，先生。""跟我走吧！"拉哈布加快了脚步。拉黄包车的人跟在他后面小跑。

时不时地，拉哈布回头对车夫说："跟着我！"

到了希布塔拉，拉哈布·萨卡尔从衣兜里掏出6便士递给黄包车夫，说："拿去吧！""可您根本没坐车呀。"

"我从不包车。我认为这是一种犯罪。"

"啊？可您一开始就应告诉我！"车夫的脸上露出一种鄙夷

的神情。他擦了擦脸上的汗,拉着车子走开了。

"把这钱拿去吧,它是你应得的!""可我不是乞丐!"黄包车夫拉着车,消失在街的拐角处。

无论何时,最要紧的是自尊。懂得自己尊重自己,哪怕在你处于困境中时,也不能因为困难而没有尊严地接受别人的施舍。有尊严地接受,不贪图不劳而获的钱财,不做出卑躬屈膝的行为,而是坦荡自如地接受属于自己的那份劳动成果,这才是一个人格完善的人该做的。

可以贫穷,但不能失去自尊。自尊,是人的一种美德,是无价的,是人最珍贵的、最高尚的东西。

一个人如果没有自尊,他就会自卑、自馁,就不会爱惜自己,就会自暴自弃,什么也不干,什么也干不成。

一个人如果没有自尊,就不会自敬,就会盲目服从,人云亦云,没有自己独立的思想和主见。因此,其骨子里散发的就只有"奴气",如此,你怎么让人正视你、尊重你?"自敬,则人敬之;自慢,则人慢之。"这是一条千古颠扑不破的真理。

当然,自尊不等于唯我独尊,不等于刚愎自用,更不等于自负、自我夸大。一个人如果总是过于自爱自贵,最后总是要失败的。

在此,无论女孩今后的日子是富贵还是贫穷,都要保持做人的尊严,唯有女孩自己自敬自尊,才会得到他人的尊敬。并且希望女孩牢牢记住:你把自己看成什么,你在别人的眼里就是什么。

千万不能让你的女孩懒惰

班上有个女同学书法写得特别好，小如看了很羡慕，就问她："你练习书法有多长时间了？是在哪里学的呢？"

那个女孩告诉小如说："我的姥爷会写书法，我从四岁就开始练习了。"

听了那个女同学的话，小如感到有点沮丧，怪不得她的书法写得这样好，原来是有"家道"的传承啊。

回到家，小如很含蓄地向妈妈抱怨了一番："妈妈，我们班上有一个女同学毛笔字写得特别好，她从小在家里学的，有姥爷教她。如果我也从小就学，肯定也会写得很好。"

妈妈看看小如，语重心长地对她说："小如，你如果想学习写书法的话，妈妈一定会给你报一个书法班。难道一定要有亲戚会写书法你才可以写得好吗？"

"呃……"听了妈妈的话，小如感到很汗颜。

妈妈接着告诉小如说："小如，没有一个人是可以通过侥幸取得成功的，无论是天赋多么好的学生，还是条件多么优越的学生，最后能决定他是否可以取得成就的，一定是他自己，不可能靠外界。这个道理，你懂吗？"

"嗯。"我知道自己错了，小如很认真地对妈妈点点头。

小如知道，要想取得成功，只有靠自己努力。

也许你会认为，当一个人拥有了天才的头脑时，成功也就唾手可得，压根用不着勤奋了。事实并非如此。

北宋时，有一个小孩叫方仲永，方仲永小时曾被称为"神童"。

方仲永家境十分贫寒，直到5岁，他都没有碰过笔墨纸砚。看到小伙伴欢欢喜喜地去上学，他非常羡慕，于是哭着请求父亲让他读书。父亲无奈，只好借来书，求人指点，让他自学。聪明勤奋的他没过多久不但能读懂书本，还能写诗。秀才们看后很惊讶，并连连称赞。

之后，很多读书人便出题考方仲永，但只要有人给他出题，让他作诗，他都能很快就做出来，而他的诗思想积极、文采斐然。方仲永渐渐地出了名，成了大家眼中的"神童"。

但是，他的才华仅在13岁时就完全消失了。

原来，方仲永一出名，很多人就渐渐地把方仲永父子当作贵宾接待，许多有名望的学者和绅士也纷纷邀请方仲永到他们家里去做客，还有许多人拿着金钱和礼物专门上方家拜访，请方仲永写作诗文，然后悬挂在自己客厅显眼的地方。从此方仲永便经常跟着父亲一起出入于豪门阔宅中。长时间没有学习，学问没有长进，他的天才也渐渐泯灭了。写来写去还是那几首诗，人们看多了，也就觉得没有新意了。

方仲永的天赋让人惊奇，最后却因为不再学习而无异于众人，这个故事意在说明，即使再有天分，但如果没有勤奋的努力，同样无法取得成就。

在世界绘画的史册中，米开朗琪罗曾经这样评价拉斐尔："他是有史以来最美丽的灵魂之一，他的成就更多的是得自于他的勤奋，而不是他的天才。"当有人问拉斐尔怎么能创造出这么多奇迹一般完美的作品时，拉斐尔回答说："我在很小的时候就养成一个习惯，那就是从不要忽视任何事情。"这位艺术家去世的时候，整个罗马为之悲痛不已，罗马教皇利奥十世为之哭泣。拉斐尔终年38岁，但他竟留下了287幅绘画作品，500多张素描，其中绘画作品每一张都价值连城。

或许女孩觉得这些离自己都太遥远：你并不是什么天才。正因为如此，才更需要加倍的勤奋。拉斐尔具有如此高的天赋，尚且勤奋不息，更何况我们呢？倘若想攀登高峰，没有付出，没有勤奋、没有努力是万万也达不到的。

美国媒体大亨泰德·特纳的老师约舒亚·雷诺德常说："那些想要超过别人的人，每时每刻都必须努力，不管愿不愿意。他们会发现自己没有娱乐，只有艰苦的工作。"这句话泰德·特纳一直铭记于心，并常被拿来引用。他听了老师的劝告，一直"艰苦"地工作，他不但因为觉得这是他自己喜欢的事情因为快乐，还有了丰厚的回报。

美国伟大的政治家亚历山大·汉密尔顿曾经说："有时候人们觉得我的成功是因为自己的天赋，但据我所知，所谓的天赋不过就是努力工作而已。"

美国另一位杰出的政治家丹尼尔·韦伯斯特在 70 岁生日时谈起他成功的秘密说："努力工作使我取得了现在的成就。在我一生中，从来还没有哪一天不在勤奋地工作。"

另外，据说，拜伦的《成吉思汗》写了一百多遍，因为拜伦一直都感到不满意。

……

所有的这些人，不管是文学家、艺术家还是政治家，他们无不都是勤奋的典型，从他们的身上，我们应该清醒地意识到，人可以没有天赋，但绝不可以不勤奋。勤奋是"使成功降临到个人身上的信使"，所以，尽快地摒弃那些错误的想法，从现在开始，教你的女儿做一个勤奋的人！

建议一：懒惰的人与幸福无缘

在远古的时候，有两个朋友，相伴去遥远的地方寻找人生的幸福和快乐。一路上风餐露宿，在即将到达目的地的时候，他们遇到了一条风急浪高的大河，而河的彼岸就是幸福和快乐的天堂。关于如何渡过这条河，两个人产生了不同的意见。一个建议采伐附近的树木造一条木船渡过河去，另一个则认为无论哪种办法都不可能渡得了这条河，与其自寻烦恼和死路，不如等这条河流干了，再轻轻松松地走过去。

于是，建议造船的人每天砍伐树木，辛苦而积极地制造船只，并学习游泳；而另一个则每天躺下休息睡觉，然后到河边观察河水干了没有。直到有一天，已经造好船的人准备扬帆渡河的时候，另一个人还在讥笑他的愚蠢。

不过，造船的人并不生气，临走前只对他的朋友说了一句话："做每一件事不一定都得成功，但不去做则一定没有机会成功。要想成功，你一定要把懒惰的习惯扔得远远的。"

能想到河水流干了再过河，这确实是一个"伟大"的创意，可惜的是，这却仅仅是个注定永远失败的"伟大"创意而已。

这条大河终究没有干，而那位造船的人经过一番风浪最终到达了彼岸。这两人后来在这条河的两个岸边定居了下来，也都衍生了各自的子孙后代。渡过河的那一边叫幸福和快乐的沃土，生活着一群我们称为勤奋和勇敢的人；等河干的另一边叫失败和失落的原地，生活着一群我们称之为懒惰和懦弱的人。

富兰克林说："懒惰像生锈一样，比操劳更能消耗身体；经常用的钥匙，总是亮闪闪的。"当懒惰已经成为习惯，它就会像细菌一样，在你的生活中蔓延，使你的人生到处弥漫着懒散的气息。所以要想成功，就一定要远离懒惰的侵扰。

懒惰与幸福无缘,勤奋虽然辛苦,但最后得到的一定远远超出付出的;而懒惰的人,生活总是显得可怜、悲惨。

一滴汗水,一分收获,世上没有轻而易举就可以得到的才能,天才来源于勤奋。如果我们不能靠"勤"字来努力,如果我们吃不了勤奋之苦,我们又怎么能出人头地呢?只有流勤劳的汗,长出的树才会茁壮;只有吃勤劳的饭,才更香甜。

正像奥里森·马登所言:"如果你有才能,勤奋可以锦上添花;如果你没有才能,勤奋可以弥补不足。"

一位成功人士曾经说过:"我不知道有谁能够不经过勤奋工作而获得成功。"寓言中的守株待兔的人,曾经不费吹灰之力就得到一只兔子,但此后他就再也没有得到半只兔子。所以,不要指望不劳而获的成功。

哈佛流传着这样一句名言:"只有比别人更早、更勤奋地努力,才能尝到成功的滋味。"

勤奋的道理每一个人都懂,却不是每一个人都能做到,而那些真正做到的人,就能获得成功。天下没有免费的午餐,个人奋发向上的辛勤实干是取得杰出成就必须付出的代价,好逸恶劳的懒惰品行与任何杰出成就都无缘,正是辛勤的双手和大脑使得人们富裕起来。事实上,任何事业的成功都只能通过辛勤的实干取得。没有辛勤的汗水,就不会有成功的喜悦与幸福。

青春是宝贵的,所以,我们应该从现在开始抓住宝贵的光阴,勤奋努力地去完成自己的心愿,这样才能最好地实现人生的价值。

真正的幸福绝不会光顾精神萎靡、四体不勤的人，幸福只在辛勤的劳动和晶莹的汗水中。

● 建议二：有缺点不可怕，最怕的是懒惰

1963年2月20日，巴克利在美国亚拉巴马州一个名叫里兹的偏僻小镇诞生。在这个人口只有6000人的贫穷小镇，巴克利一出生就遭遇了与当时很多贫穷黑人小孩一样的不幸。刚出生6个星期，小巴克利就由于患有贫血症而进行了一次全身换血的大手术。幸好手术非常成功，他终究逃离了死神的恶掌，幸运地生存下来。

小小年纪的巴克利已经有了自己的目标，他要用篮球来让自己逃离贫穷，他有信心，也有决心。但当时很少有人会相信巴克利可以做到，甚至讥笑他在白日做梦，因为他没有表现出足够的篮球天赋。在高一的时候，巴克利的身高只有178厘米，所以他连校队也没能入选，但近100千克的夸张体重却让教练建议他去打美式足球。虽然如此，但巴克利还是毫不动摇自己的决心，他坚持每天练球，直到深夜，风雨无阻，毫不理会别人的嘲笑眼光。

为了锻炼弹跳力，巴克利每天都在顶端非常尖锐的栏栅跳来跳去，吓得他的母亲和外婆心惊肉跳。他要告诉每一个人，他一定可以实现自己的梦想。母亲总是最支持儿子的人，她一直在鼓励着巴克利，让他坚持自己的理想。苍天不负有心人，经过一年的苦练，巴克利的球技有了很大的进步，他终于在高二的时候进

入了校队。进入校队后,巴克利只能做替补,出场时间少得可怜,但他依旧没有怨言,一上场必倾尽全力,场下他也是训练最刻苦的一个。

升高三的那个夏天,巴克利奇迹般地疯长了15厘米,体重也增加了10千克。这样,巴克利就有了一个很好的篮球员身材,再加上他刻苦练就的一身好球技,到高三的时候,他终于成为里兹高中篮球队的先发球员。凭着对篮球的热爱,经过不懈的努力,巴克利终于实现了他儿时的梦想,也实现了自己对妈妈的诺言,用篮球给妈妈带来了美好的生活。

勤能补拙是良训,一分辛劳一分才。从来就没有一下子的成功,只有默默不断的努力和积累,再愚笨的人经过刻苦努力都可以成为天才,而再聪明的人停步不前也难以取得大成就。女孩们,不要害怕自己做不到或者没有潜质,拥有自信和勤奋的精神,什么事情都可以做到。

天才出于勤奋,凡是在某一领域被称作天才的人,无一不是经过辛勤的汗水才换来这样的荣誉的。

有付出才会有收获,没有人可以不劳而获,这是一个众所周知的因果法则。在这个世界上,到处都有一些看上去能够并且应该成功的人,他们身上有着非凡的品质,眼中也闪烁着智慧的光芒。但是他们最终并没有成功,原因之一就在于他们缺乏勤奋的工作态度,也没有乐于付出的精神。而那些资质一般,并没有什么特别能力的人，反而可以通过勤奋弥补自身的不足，通过付出为自己赢得机会，所以他们常常能够成就辉煌的事业，得到富足的人生。

其实，自身的缺点并不可怕，最可怕的是懒惰。自身之拙，可能会成为我们成功路上的障碍，但成功者就是在克服障碍后才摘得桂冠的。有了勤奋，即使像太行、王屋二山那么大的障碍，也会被我们一点点地挖掉。因为在勤奋面前，再艰巨的任务都可以完成，再大的山也都会被"移走"。凡事只有踏实勤劳，才能获得真正的成功。NBA的球星巴克利就是一个很好的例子。

一勤天下无难事，再大的缺点和不足都可以通过勤奋来弥补。对于女孩们来说，从小就养成"勤勉努力"的习性，并且在以后的学习生活中永远不减勤勉且更加努力，这种无形的财产和力量将会成为女孩终生受用的法宝。

3
鼓励她大胆去做

有的父母总是觉得女孩不会有什么自己的主见,她的想法和意见也不重要,在女孩表达出她的意愿和想法时,家长也总是不屑一顾。当父母就家里的某个决策讨论的时候,女孩在一旁插嘴,父母就大声呵斥:"大人说话小孩子别插嘴""这是大人之间的事,没你小孩子什么事,一边玩儿去",实际上父母的这种态度已经对女孩产生了消极的暗示和影响,无疑是给热情高涨的女孩迎头泼了一盆冷水,使女孩自信全失,严重的可能会觉得自己在家里一无是处,可有可无,进而衍生出一些本来可以避免的心理问题,如轻视自己、自我怀疑等。一旦女孩真的出现了心理问题,父母就要追悔莫及了。

诗人、国家一级作家骆晓戈教授是一位和蔼可亲的大姐,去大学任教前就是一位很得孩子们喜爱的师友。她的女儿岸子自浙江大学毕业后,凭过硬的自身条件被公派到美国留学。

骆教授夫妇的教子之道值得推崇。曾有幸与他们共事几年,基本见证了他们夫妇对女儿岸子的教育。骆大姐家庭条件优越,唯一的宝贝女儿岸子身上却无骄娇二气。同事们都很喜欢岸子。

在骆教授的众多教育方法中，最大的亮点就是让孩子参与家庭决策。在岸子很小的时候，骆大姐要添置家庭共用品都会征求她的意见。比如买电视机，买多大的、什么品牌、什么颜色、什么价位等，甚至摆放在哪个位置都和她商量。岸子稍大了点，骆大姐就向她详细通报家庭收入情况，夫妇俩还会认真地和女儿预算一周、一月和一年的支出。后来，全家小到衣服大到房屋的购买，岸子都有充分的发言权和决策权。

"当家方知柴米贵。"由于从小就参与了家庭管理，岸子确实知道"一粥一饭当思来之不易，一丝一缕恒念物力维艰"。所以，除了一日三餐和合身的衣装，她就从不向父母伸手要这要那。在家里，岸子享有惯了平等的话语权，在外面，她就时刻做到了不卑不亢。尤其是，通过长期参与家庭决策和管理，她就自觉不自觉地有了振兴家业和贡献社会的责任感，一直刻苦学习，表现优秀，成绩优异。

一般来说，能够经常参与到家庭决策中来的孩子，性格较为开朗，能够在众人面前条理清楚、简明扼要地表达自己的见解和意见，能够主动关心别人、考虑别人的感受，有较强的集体责任感和责任心，待人接物也处处能彰显出自己的自信；而那些从来不参与家庭决策的孩子，考虑事情通常是狭隘的、自我为中心的，集体意识淡薄，依赖心理强，做事的主动意识差。因而可以看出，让孩子参与到家庭决策中来对孩子的健康成长有至关重大的影响意义。

孩子再小，也是家庭中的重要一员，不管孩子年龄大小，父母都要有意识地让孩子参与到家庭决策中来，一来可以让孩子感受到他在父母心中的重要性，二来也能实现较好的自我认知，感受到自我价值。要知道，父母的肯定是孩子自信心形成的一个尤为关键的要素。

让孩子参与到家庭决策中来，父母首先要主动培养孩子的参与意识。当父母平时在讨论问题或商量某个决策的时候，可以有意识地征询一下孩子的意见，如问问孩子"你觉得我们这么做怎么样？""你认为我们买什么牌子的电视机好呢？"当孩子说出自己意见的时候，父母要及时给予回馈，如果孩子说的有道理，就可以按照孩子说的实行；如果孩子的想法欠考虑的话，父母就要给孩子讲清楚为什么这次爸爸妈妈没有听你的意见，指出孩子需要完善考虑的地方。这样就可以逐渐使孩子关心家里的事情，同时还可以提升孩子的思维，有助于他思考的全面性和理智性发展。

需要注意的是，父母在和孩子沟通的时候，应当把女孩当作一个真正的商量对象，和女孩说话的态度要和蔼，不能颐指气使，更不要对孩子的意见粗暴否定和冷嘲热讽，不要端出家长的架子，要让孩子感觉到，父母的确是想听她的意见的。

再有，并非家庭里的每一件事情都是适合女孩参与的。所以父母在让孩子参与之前，先要考虑好家里的哪些事情适合让孩子来参与，哪些是不适合的。通常来说，凡是参与的过程和结果有利于孩子身心发展的，就可以让孩子一同来参与，如家庭的计划开支、旅行计划，等等。

● **建议一：不要用对与错来评判女孩**

生活中几乎没有几个父母是故意损伤孩子的自信心的，但无意识的伤害却俯拾皆是。正如下面这位母亲：

一位母亲为她的孩子伤透了心，她在心灰意冷的情况下去找心理医生。

医生问："当您的孩子第一次系鞋带时，打了个死结，从此之后，您是不是再也不给他买带鞋带的鞋子了？"母亲点点头。

医生又问："孩子第一次刷碗的时候，打碎了一只碗，从此以后您是不是再也没用过他刷碗？"母亲称是。

医生接着说："孩子第一次整理自己的床铺，用了很长时间，您看不过去，从此代替他叠被子了，是吗？"这位母亲惊愕地看了医生一眼。

医生又说："孩子大学毕业去找工作，您怕孩子找不着工作，便动用了自己的关系和权力，为他谋得了一个令人羡慕不已的职位。现在您却为孩子的适应能力太差而感到恐慌了！您怕他不能胜任一份好工作，怕他娶不到媳妇，怕他以后过得很凄惨……"

这位母亲更惊愕了,从椅子上站了起来,凑近医生问:"你怎么知道的?"

"从那根鞋带知道的。"医生说。

母亲问:"我以后该怎么办才好?"

医生说:"当他生病的时候,您最好带他去医院;他要结婚的时候,您最好给他买好房子;他没有钱时,您最好及时给他送钱。这是您今后最好的选择,别的,我也无能为力。"

母亲这种不肯放手让孩子去为自己的未来负责的爱,伤害了孩子,使他适应外界环境的能力即自适应心理长期处于停滞生长状态或休眠状态,最终成为"母爱"的牺牲品。

母亲的过度关爱使女孩的心理成长停滞了,这种结果相信没有任何一位家长愿意看到。心理学家指出,孩子从一出生就带有一种"自适应心理",这种心理是指人们自我调节,应变适应环境的能力。保加利亚学者佩尔努曾作过一段描述:"婴儿被相当于20千克的力推出,从温度为37度的温暖母体腹水中被抛了出来。在那个环境中,他像宇航员处于无重量的状态,现在来到空气温度为20度左右的寒冷环境中,而且在这个环境中还必须呼吸。"

从他的这段论述中,我们不难看出,从新生婴儿脱离母体的那一刻起,就已经用他天生的自适应能力来积极回应母亲子宫之外广阔的生活环境。他不仅能够适应这种内外温差,而且很快便开始在这种环境中健康成长。接下去，他会积极地适应家庭生活，以后还要适应复杂的学校生活，继而要适应更复杂的社会生活。

孩子不仅天生能够自我调节，适应外界环境，而且也确实应该主动去适应，这无疑对他们的未来产生极大的推动作用。心理学家认为，那些自适应心理素质好的女孩，她们对未来有着强烈的求知欲，她们会有选择地接受未来发生的事情，理智地分析生活中的变化。她们有主见，不盲从，明白想要的未来轮廓。因此，她们能够用"未来"的要求来规划自己的行为和思想，不断地为成长增值。

放开手让女孩去接受挫折的存在，对很多父母来说太难了。明明知道有些事情不能做，怎么可以眼睁睁看着女孩去犯错误呢？但如果父母真的想要让女孩有主见、有责任感也有相应的承受能力，就一定要在一些无伤大雅的事情上"眼睁睁"看着女孩犯错误。因为只有真正错过，她才会知道懊悔的滋味、负责任的滋味，还有让别人担心的滋味。

我们总是急于去教会女孩如何争取到成功，却很少教会女孩如何面对失败。失败也是人生中的一种常态，满心带着迎接成功的热情，如何面对失败后的落寞呢？

我们一再地和父母说"放手"，但是真正放手的决心和勇气，都是一个很高的门槛。如果你不知道自己是否可以真正做到给女孩一个自己成长的空间，可以问问自己是否能：

不强求女孩喜欢你自己喜欢的东西；

不评价女孩喜欢的东西是高雅还是庸俗；

不因为女孩没有听你的建议犯了错而暗自得意；

不把女儿的成功当成特别值得炫耀的事情。

如果这些你都能做到，那么你的女儿就是真正幸福而独立的。

● **建议二：让她做自己喜欢的事情**

我们每个人每天都有许多事情可做，在众多事情当中，你一定要清楚地了解一点，那就是：一定要做自己喜欢做的事。

但是往往有很多人并不清楚这一点，为了种种原因，他们最后逼迫着自己去做一些自己不喜欢做的事，最后往往后悔莫及。

有一位机械师不喜欢自己的工作想转行，却迟迟下不了决心，因为他已经学了二十几年的机械，如果突然换一份其他的工作，会感到很不适应，尽管不喜欢，却无法抛开累积二十多年的机械专业知识。他想改变，但又甩不掉过去的包袱，自然无法突破。于是他陷入了痛苦之中，他常常叹息着说："如果当初我选择喜欢的事情就好了。"

生活中，像这位机械师的人很多，不管是学习或是工作，他们大多都在做着自己讨厌的事情，又不得不逼迫着自己去做好这些事情。不断挣扎中，他们往往失去了动力，当遇到学业或事业的瓶颈时也无法突破。他们也想过要改变，为此还不断地征求别人的意见，可最后还是很少有人试着去改变。

这其实是一个矛盾，既然知道自己再继续做下去也不会有兴趣，就应该果断地做出离开的决定。与其在不喜欢的事情上浪费时间，不如把精力投入在喜欢的领域。也许你担心无法适应或开拓一个新领域，其实大可不必，一个人在做自己喜欢的事情，就必定充满了力量，想象力和创造力也更容易被激发出来，只要付出努力，相信一定会取得成功。

很多年前，一位名人讲过一句话："你一定要做自己喜欢做的事情，才会有所成就。"

所以，尝试着改变自己目前的状况，如果想让自己做事更有成效，你就必须做出更好的决定，采取更好的行动。

罗克的故事对你或许会有所启发。

罗克一直很喜欢运动和数学，从小到大，他一直是运动健将，不仅担任过体育队长和篮球、乒乓球队长，是校田径队的杰出运动员，罗克曾经想过要如何把兴趣发展成职业，也曾经梦想成为世界冠军。

但罗克在思考后觉得："靠体力过生活，并不是我真正喜欢过的生活，虽然我非常喜欢运动。"

在高中和大学的时候，罗克的数学成绩一直都是名列前茅，他也曾经想过，要当一位数学教授。但罗克发现，当一位数学教授，也并不是他最喜欢做的事情，于是他继续寻找另一个可以当成他终生事业的工作。

17岁的时候，罗克接触了汽车销售业，因为他很喜欢车子，他想自己应该可以做得不错；真正进入了这个行业之后，他发现这个行业有非常大的特色，但是他的个性似乎并不适合，于是，他又转行了。

  从16岁到21岁，罗克陆陆续续换了18种不同的工作，每一处，他都想着一定要做自己喜欢做的事情。他不断地思考，最后他终于得到了一个伟大的发现，那就是他身上的一个特点：他从小到大一直很热心，很喜欢帮助别人，同学数学不会，他很喜欢教他；别人篮球打得不好，他会自告奋勇过去教他。因为罗克相信，只要自己可以，别人一定也做得到。

  在一个很偶然的机会，罗克参加了一个激发心灵潜力的课程，它给了他非常大的震撼。

  罗克发现，自己上了那么多的课程，学习了那么多的资讯，却没有任何一个课程比得上他的老师安东尼·罗宾，在短短的8小时当中所分享给他的那么多。

  罗克想，假如他以后也能做别人所做的事情，把一些真正对人们有帮助的资讯，不管用何种渠道，书籍、录音带或是录像带，然后分享给想要获得这些资讯的人，那该有多好。投入这项工作之后，罗克终于找到了那个他最喜欢的工作，这就是他毕业所寻找的方向。经过了七八年的坚持，他终于可以在心理学崭露头角，让非常多的人得到非常具体的帮助。

  一个人只有在做自己喜欢的事情才能充满激情，所以，家长们应鼓励自己的女儿突破现在的自己，积极行动起来，去做喜欢的事情吧！

第三章

好关系胜过好教育，与女孩沟通很重要

1
多一点赏识，少一点苛求

一位哲人曾经说过这样的话："人的精神生命中最本质的要求就是渴望得到赏识。"对女孩来说，训斥只会压抑幼小的心灵；只有赏识她们，才能开发出潜能。

没有种不好的庄稼，只有不会种庄稼的农民；没有教不好的孩子，只有不会教的父母。赏识教育的本质是生命的教育，是爱的教育，是充满人情味、富有生命力的教育。

每一个孩子都拥有巨大的潜能，但孩子出生时都很弱小，好像生活在一个巨人的世界里。德国著名心理学家阿德勒也透露过他在念书时，认为自己完全缺乏数学才能，对数学毫无兴趣，因此考试经常不及格。后来偶尔发生的一件事，让他的潜能开发出来了。他出乎意料地解出了一道连老师也不会做的数学难题，这次的成功改变了他对数学的态度，找到了数学天才的感觉。在老师和家长的赏识中，他成了学校里的数学尖子。

所以，家长们只有赏识自己的女儿，她们才会开发出生命中无限的潜能。

哈佛大学的心理研究专家做过这样的实验：有两组孩子，先让他们一起长跑消耗体能，然后一组接受严厉的批评，另一组得到热烈的称赞，随之进行体能检测发现，被批评的那组孩子无精打采，体能处于崩溃状态；而被表扬的那组孩子精力旺盛，体能得到迅速恢复，充满自信。

这个实验可以作为我们教育的反思：父母在教育女孩时应多给她们一些适当的赏识，学会赏识、赞美你的孩子，这对她的心理发展十分有利。让女孩知道父母对她们的关注和认可，既能快速抚平她们身体上以及心灵上的创伤，也能促使女孩的心理朝良好健康的方向发展。

适当的赏识与鼓励是必要的，但父母也要注意千万不要对女孩赏识过了头。一个女孩如果受到的赞美过多，心理便会膨胀，就会找不准自己的定位，从而也就不知道自己的言行是否符合一定的社会道德规范，这样的女孩在人格上往往是不完善、不成熟的，心理上也会十分脆弱，在今后的人生路上可能会经不起生活中的风雨与挫折。一个完备的人在成长中是需要经历一些磨难的，只有经历磨难并且能够从磨难中铸就刚强性格的人，才能适应未来的生活。

作为女孩的家长，不要吝啬夸奖孩子，如果孩子做对了事情，就应该夸奖她，而不要怕她会骄傲。

多对女孩说赞美的话、鼓励的话，少说贬损的话、批评的话。当女孩有少许进步的时候，应该及时给予肯定，帮助她们树立前进的信心；当她们做错了事情，应在批评的同时，换一个角度找一个亮点来鼓励孩子。当女孩有一件事情令你感动的时候，你应该马上把你所想的告诉她，让她知道你一直在关注。

家长应该经常赞美女孩的一些做法，让孩子觉得自己很能干，特别有能力。当女孩具有了这样的自信的时候，在做事的时候就会表现出跃跃欲试的心态，处处想表现自己，证明自己。

● **建议一：不要苛求女孩"十全十美"**

也许是由于望女成凤心切，大人们往往对自己的女孩很苛刻，但也比较容易忽略女孩的感受。在工作中，他们总是要求自己的领导能设身处地地替自己考虑这个，考虑那个，但一回到家庭生活中，目标就转移到孩子的缺点上，这也不是，那也不是。继而要求女孩应无条件地服从自己的意志，照着父母的完美计划成长。实际上，这种做法的结果无疑是在推着女孩朝逆反的方向发展，因为女孩会一天天成长起来，有了审视自己的目光，有了自己的世界观、人生观和价值观取向，便有了反抗的心理，对于父母的苛求和指责，便会经常说"不"。

作为父母应该知道，我们自己本身实际上也不是十全十美的，每个人身上也存在着这样或那样的缺点与不足，我们的孩子自然也不例外，为什么总是看不到呢？

如果我们真立志要做个好父母的话，首先就是要理解女孩的感觉，尊重女孩的选择，说不定女孩在某方面的不足正好可以成就其他方面的才能。父母要有眼力去发现女孩的特点。

由此看来，父母在教育女儿的时候，眼光同样很重要，父母们应该让自己多具备一些伯乐精神，及时发现女孩身上的特别之处。利用女孩自身的优点引导她，把她所有优秀的品质发挥出来，帮助她完成人生的自我超越，而不是只盯着某方面的不足不放。

有一项统计表明，从19世纪到20世纪的200年中，能够真正称得上"天才"的孩子只有寥寥的十几位。应该说，世界上大部分的孩子都是很大众化的，不是十全十美的。

责备只能使女孩消极地应对身上不良的行为、习惯。所以，做父母的不要总是苛求自己的女儿十全十美！最重要的是要让她们实实在在地学习，实实在在地做人，实实在在地做事，实实在在地成长，她们才会拥有完美的前途！

如果家长能换一种教育方式，把每个女孩身上的特质和性格罗列出来，然后一一告诉女孩你是多么欣赏她们，让她们感觉到自己是不能代替别人，别人也无法取代她们的，而且也觉得你看到了她们身上与众不同之处。那么，你的女儿就会越来越自信，也就会越来越完美了。

家长应该注意和孩子说话的语气。如果她还小，家长不妨将她抱在怀里告诉她你为她而骄傲，经常不断地给予她表扬，那女孩的感觉是否会更好一些呢？家长和孩子进行交流的时候，不仅在她做得好的时候要表扬。当她做出努力之后，尽管未达到预期的目标，也要进行适当的鼓励，在和女孩说话的时候让她永远感受到如沐春风般的温暖。

● **建议二：赏识也要把握好度**

时常会听到有些家长说这样的话："我的女儿太出色了，聪明绝顶，又那么漂亮！"

母亲这么夸女儿，一旁的女儿则羞愧得简直无地自容，这都什么和什么啊！

似乎，现在的父母觉得好孩子都是夸出来的。

不可否认，赞美确实能起到巨大的激励作用，不只是女孩，大人也一样，如果女孩在工作中得到表扬和夸奖，那么积极性也会大增，随之创造的是更多的价值。被夸奖被赞扬代表着被认可，被夸奖的人也更深入地认识到自己的价值。但是夸奖也要把握适当的"度"，掌握一定的艺术。过分夸奖或者夸奖不当的结果可能适得其反。

心理专家马丁认为：过分夸奖同贬低一样，不能帮助人树立自信，还会让人变得脆弱。所以家教中也应当注意避免过度夸奖。正确的夸奖方法应是先仔细观察，了解女孩所做出的努力和成绩，在此基础上，审其进步程度，有针对性、目的性的夸奖这才是正确的夸奖，而过度夸大，吹捧千万不可盲目使用。

赏识女孩一定要有限度，惩罚女孩一定要有分寸，并且需要有明确的操作方式。如果父母过分夸奖女孩会使得她很难正确认识自己，不知道自己真实的潜力有多大。当然，因为父母的过分夸奖，懂事的女孩会去努力但能力达不到就容易产生压力，甚至会有失败感。

此外，如果过分地夸奖或炫耀女孩的长处，时间久了，易使女孩产生或比谁都强的心理，不允许或不能接受别人超过自己的事实。大人在夸奖女孩时一定要实事求是，不要夸大其词，并在表扬女孩时应给她指出不足之处。

一位母亲忧虑地对老师说："我们并没有给我的女儿什么压力，也很少责备她，更不会疾言厉色。我们奉行以奖励代替责备，为什么孩子会越来越忧虑呢？"

老师单独和这位念中学一年级的孩子交谈，发现她担忧自己不能名列前茅，所以很用功。她经常失眠，觉得压力很大，甚至想休学。

"我很怕考不好，所以每天读到深夜。"女孩说。

"你觉得学习有困难吗？所学的功课你不会吗？"老师问。

"不是，是怕考不好。如果落到三名以外，我会觉得很没面子。我就是怕输掉！"

"你父母亲要求你考前三名吗？"

"没有。是我自己担心考不好，我就是很在意成绩。"女孩哭了起来，"我怕失败，那很没面子。"

"对谁来说，你会觉得没有面子？"

"我怕对不起爸爸妈妈！怕得不到他们的欢心。"女孩泣不成声。

这位名列前茅的女孩，因为长期生活在父母和亲人的夸奖之中。由于一直保持好名次，她未曾尝过父母没有夸奖的滋味。她怕失去夸奖，并把这个惧怕当成了一种严重的威胁。

可见，过度的夸奖，给女孩带来了心理负担，慢慢地会加重女孩的心理压力，使女孩变得焦虑，遇到困难容易退却，缺乏信心。

女孩的父母对女孩的赞美应该就事论事，不可过分夸大。父母在赞美女孩优点的同时也要适当泼点冷水，提醒女孩改正缺点。最好是了解女孩做事情的过程，把她做某件事情的良苦用心和艰难努力都看在眼里，然后再夸奖女孩。

必须提醒父母的是，对于女孩的夸奖最好能够适可而止，过多过分的夸奖，会带给女孩不必要的困扰。夸奖具有启发性和鼓励作用，但夸奖过多，会带给女孩压力，形成焦虑。所以家长在平时对女孩的夸奖要适可而止，而且应用欣赏、交谈、聆听等方式代替过多的夸奖。著名教育家老卡尔·威特给父母们的忠告是：我们不能让女孩在受责备的环境中成长，但是也不能让她们整天泡在赞美里。

2
一定要学会尊重女孩

所谓正确地评价自己，是指孩子能初步运用社会既成的道德标准、行为准则来评判自己的行为，正确估价自己的才能、自己在家庭和幼儿园的地位等。它对儿童良好个性的形成具有重要意义。

研究表明，3岁孩子已经具有初步的主客体分化能力，开始具有"自我意识"，一方面他们逐渐能够区别"自己"与"他人"的不同，通过把自己与别人比较来确认自己，这明显地表现在伙伴关系中；另一方面，也为孩子能把社会上既成的道德规范、行为准则、长辈对他们的态度、奖励与惩罚等作为参照来评价自己，同时，提供了心理上的可能性。

儿童历史性知识较少，理性思维水平低。因而在评价自己时经常带有情绪性，极易受暗示，往往把成人的言语、表情等作为评价自己的依据。判断自己的行为时只考虑行为后果，缺乏对动机的思考，而且在自我评价中难免带有偏激性和不稳定性，只会简单地肯定和否定，或者一会儿肯定，一会儿又否定。

家长在教孩子正确评价自己时，一方面，应丰富孩子的感性认识，设计具体的情景来提高孩子的认知水平，应经常带孩子到公共场所，让孩子接触一些人物个性鲜明的电影、电视故事、图书等，并抽时间与孩子一起评价里边的人物；另一方面，要客观地评价孩子的行为，一定要说明为什么这样评价她。有时也可让孩子分析自己，家长再对她的评价给以补充、纠正。

在这一过程中，家长要注意引导孩子根据自己的行为动机来评价自己。当孩子想帮你把碗放到桌上却不小心摔在地上时，你不要发火，而要告诉孩子："你是在帮我们的忙，我知道你不是存心摔碎碗的，下一次不要拿那么多……"对孩子确实没有能力做的事要及时提醒，以防孩子产生挫折心理，影响她对自己的评价。

一般来说，孩子总认为家长让她做的事是她能做并且能够做好的。如果家长事先未经考虑，让孩子做力不能及的事，势必使她的自尊心、自信心受到伤害，产生失败感，影响她正确地认识和评价自己。

帮助孩子发展正面的自我评价是父母所能给予孩子的最好的礼物，也是孩子一辈子的礼物！孩子若觉得自己很能干，很有成就，而且对自己的评价很好，也就培养了孩子的高情商，为孩子在未来社会中成为一个快乐的强者打下基础。

孩子的自我评价是从童年开始的，然后随着年龄的增长而不断发展。父母是孩子发展自我评价的最关键因素，能影响孩子发展出积极的或消极的自我评价。

如何帮助孩子建立积极的自我评价呢？重点在父母所必须有的态度、技巧和行为上。

第一，建立父母自尊心。首先要建立父母的自尊心，建立父母的良好自我感觉，正视自己的优缺点，爱自己、爱别人，这样才能帮助孩子建立自尊心。孩子小时会受到父母方方面面的影响，父母若不注意对孩子自尊心——正面的自我评价的培养与建立，则孩子可能会发展成一个负面的消极的人。罗曼雷特说："我们对自己的看法是从成串的记忆而来的。从小时候，我们就开始对自己，别人及整个世界产生概念及态度。我们的自尊心也是由一连串的态度所组成的——有些是有益的，有些则没有。我们的心会记住每一次经验。也许我们没有察觉，但事实却是如此。"

第二，从尊重开始。建立孩子的自尊要先从尊重孩子开始。小孩虽然不成熟，但她们也是人，和我们一样有感觉，需要被尊重。尊重表示看重对方的价值。每个孩子都是具有独特天赋、气质与个性的个体。去挖掘孩子的想法和感觉是件很有趣的事。孩子是个很好的思想家，而且对生命的看法也很新鲜、很乐观。

第三，重视感觉。不要否定或疏忽孩子的消极感受。如果你的孩子很生气，就对她说："你的声音听起来好像在生气。"那她就会把心扉打开，告诉你她为什么生气。承认怒气是处理怒气的第一步，否定怒气则无法处理怒气、解决问题。除了倾听孩子消极的感觉（就像愤怒）以外，要特别注意让她有时间把这感觉消除掉。你生气时，有时候需要一段时间才能平静下来，小孩子也是一样。

认真研究你的孩子,发现她们之间的差异,并且欣赏她们的特质。把每个孩子身上的特质和性格列出来,然后一一告诉每个孩子你是多么欣赏她们。

孩子都有一些奇奇怪怪的想法。孩子会老老实实地把她心里的想法以及她为什么会有这种想法告诉你。她们需要别人倾听与尊重她们的想法,但这并不表示你一定要认同。你平常和她们在一起时,要能听得进她们的意见。

家长应该注意培养女孩解决问题的能力,不要老是想为孩子解决问题,让她们自己决定并尝到决定后的结果,以后她们才会做出好的选择。在某些小事上准许孩子有正反两面的考虑,并且让她们自己来决定。

● 建议一:尊重女孩的情绪

婴儿时代,女孩常常用哭来表达她们感情上或身体上的痛苦。如尿布湿了,感觉到饿了、冷了,或者是孤独了,女孩都会哭。这时,由于女孩还不会表达,父母总会去耐心地寻找原因,直到婴儿不哭不闹为止。

当女孩会说话之后,她们哭闹的原因也复杂起来,有时是因为她需要父母的关注、有时是她感觉父母不再爱她了、有时还可能是因为她与小伙伴之间发生了误会等。但此时的父母开始不相信女孩,他们开始否认女孩的情绪。如他们经常这样对女儿说:

"你一定不是这样感觉的！"

"你一定是装的！"

"没事的，打针一点都不痛！"

……

于是，在情绪被父母否定之后，女孩开始变得不再喜欢与父母合作，她们有时甚至会像小男孩那样跟父母对着干。这时，女孩的父母开始疑惑了："我的女儿为什么越来越不听话呢？"

其实，并不是我们的女儿越来越不听话，而是她们长大了，她们有了自我意识。当她们的感觉、情绪被父母否定后，她们就会不高兴，于是便有了不与父母合作的行为。所以，要想让我们的女儿一直做"乖乖女"，父母就要学会尊重她们的自我意识、尊重她们的情绪。

一个4岁的小女孩对爸爸说："爸爸，我不想去看医生，医生会伤害我的。"

"我知道，去看医生，医生就有可能给你打针。你很怕打针是吗？"

"嗯，我不想打针，打针很痛。"小女孩很认真地说。

"爸爸知道打针很疼，爸爸小时候也这样认为，不过你不用怕，爸爸会在你身边一直陪着你的。"

终于，在爸爸的耐心引导下，小女孩同意去看医生。

与男孩相比,女孩要敏感得多,当她的感觉和情绪被父母否定之后,她的反应要比男孩强烈得多。因此,有时,认同她的感觉和情绪,往往是促使女孩更乐意与父母合作的主要因素。

女孩是需要情绪发泄的,因此,家长们应该注意为女孩建立疏导情绪的方式,比如让女孩去户外大喊大叫地疯跑等。有的时候女孩们会破坏东西,这也是和她们的情绪息息相关的。家长们应该善于读懂这背后的"隐语",不要急于批评和改正女孩的错误。

情绪发泄与批评之后,一定要让女孩诚实无讳地面对现实,家长要在女孩情绪平复后,耐心地跟她分享事情的始末,找出存在的问题,帮助女孩慢慢养成自我控制情绪的能力。

家长可以尝试在游戏中让女孩宣泄深藏的情绪,在活泼大笑之后,孩子会感受到父母对自己的爱,感到安全。此时,孩子会用某种方式袒露内心的郁结。比如,她可能坚持要穿一件还没洗好的裙子,是因为她想通过这种方式让家长知道她的烦恼。此时家长应该关心地接近孩子,孩子可能会抓住这个机会大哭一次。这时父母必须有极高的耐力。这种发作,很可能是好事。发作后,孩子会卸掉一个负担,她们会和家长更亲近。

● 建议二:尊重女孩的天性

露露有个表姐,学习、性格、自制能力都不错,而且颇有"领袖气质"。去年暑假露露的父母把露露交给她。大孩子管小孩子绝对比家长直接管教有效。没多久,孩子就被管得服服帖帖,据露露说表姐本事大得很，功课上有问必答，做游戏花样百出，玩电脑只赢不输，她从表姐那里学来不少"玩经"，表姐是她模仿的"偶像"。一个暑假下来，孩子玩得尽兴，写日记、写作文也有了内容。在玩的过程中，露露处处以表姐为榜样，这种效用也延伸到她的学习中。她对妈妈说："表姐成绩那么好，我要向她学习！"

爱玩并不一定与学习相冲突。反而过度地压抑，会让女孩过度抵触，造成消极的情绪。

适当的奖励和协调，可以使孩子的游戏时间更合理分配。但这不是长久之计，一味地奖励政策，会让孩子对奖赏制度产生一种变本加厉的欲望，最根本的解决办法，还是让孩子可以自我认识，自我调节。

音乐巨人贝多芬说过："使人幸福的是德行并非金钱。"那么，对于一个孩子来说，违背她的意愿，过早地过多地逼着她去参加各种各样的兴趣班和辅导班，她会幸福吗？有些父母在孩子很小的时候就给她报了钢琴、画画、舞蹈、书法兴趣班，还报了游泳，甚至跆拳道，"怎么样，我对你够重视了吧？我舍得为你投资，你可不能让我失望啊？"另一些父母看到别家的孩子都在学，那自家的孩子也得去学，总不能让自己的孩子"输在起跑线上"吧？于是社会上出现了前所未有的"儿童启蒙教育热"。孩子们的双休日没有了，忙得像只陀螺。到她们正式上学了，变得只会习惯性地听从老师和父母的安排,被动地接受学习。她们的创造性呢?她们的主动性呢?试问,如果你就是那位孩子,你还会有那么多的创造性和主动性吗?

给我们的孩子一些自由支配的时间吧,让她们去亲近大自然,享受春天和煦的阳光,让她们切实感受到自然的美丽,生活的美好。让她们玩吧,如果你想让你的孩子成为一个健康的公民,首先要尊重孩子们爱玩的天性,把玩的权利还给孩子们!如果你自己能以玩伴的身份给你的孩子提出一些有益的建议,和你的孩子共同成长,那是最好不过了。

历来,教育专家都提倡"寓教于乐",特别对于一个未成年的孩子,更应该用"在玩中学,在学中玩"一类有益的方式激励孩子们自发地热爱学习。千万不要用围追堵截的方式,使得孩子们从小萌生"怕学习,怕老师"的想法,那真的会毁了孩子的一生。

3

拿捏好对女孩的保护度

保护孩子是父母的天性,没一个父母不对孩子倾注着满腔的热爱。没有父母的保护,孩子是很难长大成人的。然而,过度的保护则没有益处,只会使孩子变得软弱无能,缺乏自主性和独立性。

据报载,一名8岁的小女孩,仅仅因为偶然的迷路,她母亲便痛下"不再让女儿离开自己一步"的决心,并辞去公职,留在家里照看女孩。这样的事例,在生活中是很少见的,但家长对孩子过分呵护,凡事顺着孩子,生怕孩子饿着、累着、受委屈的现象却不是个别。我们在一些小学门口观察发现,家长早送晚接,更有甚者,干脆帮小孩做家庭作业,收拾学习用品,帮小孩值日打扫学校卫生区等。一个四年级的学生上课没带课本,老师问她为何不带课本,她却振振有词地说:"还不是我妈,忘记装了!"

有一位母亲,在孩子很小的时候和丈夫离异,这位母亲便把全部的爱转移在孩子身上,好吃好穿的任她挑,在家想干什么就干什么,想要什么母亲就帮她买什么,恨不得把天上的月亮也摘给她。母亲的娇惯和纵容，使她滋生了"唯我独尊"的心理。在学校里霸道十足，不听老师的话；在家稍不如意，就拍桌子摔碗；在社会上经常与人打架斗殴，最终走上了抢劫的犯罪道路。

另外，我们要说的是，父母过度保护孩子的做法其实是一种自私心理的反映。因为过分溺爱的背后，一定会有对孩子行动的禁止和干涉。父母们总是按照自己的意愿去爱孩子，总是站在大人的角度去判断何事该做，何事不该做，从来没有问过孩子是否真的就需要这样的保护。尽管这些都是出自对孩子的爱心和关怀。但是父母们有没有想过，孩子会在这种连续"禁止"中，逐渐失去表达自己要求的能力，甚至会变成"无力量""无意欲""无关心"的"三无人类"。从某种意义上说，过度保护孩子，是一种无形的剥夺。剥夺了孩子独立生活的权利，剥夺了孩子自主选择的意愿。这是一种悲哀！

过分保护导致如今孩子某些生理、心理机能退化。一些家长一方面在学业上拼命给自己孩子"加压"，另一方面又为她们在生活上尽可能地创造很好的条件，这便导致现在的孩子大脑"发达"，四肢无力。在舒适的环境中，孩子身体中的某些机能正在逐步退化。因为她们生活的需要很容易得到满足，几乎不用克服什么困难，不用付出，也就没有发展。孩子成长过程中用于发展自己能力的机会就这样被剥夺了。

真心地关注女孩的需要，不要把自己的意识强加于孩子。父母们应该放低自己的姿态，听听孩子内心深处的声音，真正将自己的关怀和保护用在刀刃上，给孩子们多一些自由成长的阳光、温度、水分、空气……别让你的孩子在"腻歪"了的爱中苟延残喘，倍感"生命不能承受之轻"。

保护女孩没错，但要留给女孩独立的空间，不管我们做父母的多么想保护孩子，她们一旦融入集体生活，就有一种强烈的独立意识，她们会把这种过分的关心看成是很没面子的事。可以说，当孩子们离开家长时，平时在父母温暖的怀抱下软化的独立意识开始得到了复苏。那些向来将孩子"含在口里怕化了，捧在手中怕摔了"的父母需要认真地去思索了。

建议一：要保护，不要约束

在幼儿园的课上，老师向小朋友们提问："如果现在你面前有一位白胡子老爷爷可以帮助你改变性别，那么你们是想当男孩子呢还是女孩子？"

在场的小女孩们表现尤为活跃，并且大部分的女孩都选择"我要当男生"。老师感到很意外："为什么你们都要做男生呢？"

"因为我是女孩，所以妈妈不让我爬树，不让我下河游泳。"其中一个小女孩如是回答。

可见，在这些幼稚的小女孩心中，她们不喜欢当女孩，其中最重要的一个因素就是当女生的束缚太多，让她们感到没有当男生自由。

"男女有别"，不同的性别就已经决定了不同的属性。男孩子的性格天生就是粗放型，喜欢大大咧咧，而女孩则更多的是细腻和乖巧。在平常的生活中，妈妈对女孩的束缚肯定会比男孩要更多一些，如果一个小女孩到了晚上7点还没有回家，妈妈们肯定不仅担心而且很容易将事情往不好的方向去想，换作男孩则不会这样。妈妈会答应一个男孩和同学一起结伴去郊游，如果换作女孩，免不了要唠叨一通。

性别就犹如一个标签，束缚着女孩自由成长的天性。

妈妈们习惯于对女孩过度的溺爱甚至有点"专制"。一个女孩在妈妈的保护下长大，一方面很容易被"娇生惯养"，另一方面很容易被"过度保护"，我们将她束缚了。

这些从小就在妈妈的庇荫下长大的女孩，由于受到了过度的保护，她们会在成长的过程中出现一些性格上的缺陷，比如说对妈妈过分依赖，有时会不太喜欢参加集体活动，性格很内向很封闭，而且不太愿意和别人交流。

即便是这样，女孩依然渴望自由，尤其是随着年龄的增长，女孩子更不喜欢大人们打扰她那片属于自己的小天地，每当夜深人静的时候，她们独自一人在那里回味。

有的时候，正是由于家长的过度管教，反而会扼杀女孩本来美好的天性，令女孩感到窒息，甚至会产生不可预料的严重后果。

妈妈们可以静下心来好好想想，自己是不是也犯下过某些错误呢？她们对女孩所做的一切事情都不放心，只觉得要通过自己的照料心里才安稳。她们认为只要女孩能够"听话"就是好孩子了，并且据此名正言顺地严格管理女孩的饮食起居、学习计划以及社会交往活动等，并且经常干涉女孩的各种事情，自作主张地为女孩安排一切。

著名的教育工作者孙云晓老师曾经说过："中国的妈妈现在所做的事，就是在辛辛苦苦地酝酿着孩子的悲剧命运，争分夺秒地制造着女孩的成长苦难。实际上，我们是在和自己作战，用自己的奋斗来击毁自己的目标。"妈妈们越是限制女孩的自由，实际上就是在制造自己与女孩的距离，在某些时候会导致"控制"与"反控制"的斗争愈演愈烈。

妈妈在教育的过程中不要刻意约束女孩，妈妈把女孩管得越紧，女孩的压力反而越大。妈妈起到的是帮助女孩、开导女孩、鼓励女孩的作用，过分地施加压力，反而会不利于女孩的健康成长。

妈妈们在平时的教育过程中也要注意克制自己的想法和冲动，只有真正把属于女孩的空间还给她们，让她们从单一的生活中解放出来，女孩才会觉得自己成了自己的主人，才能获得真正的成长。

所以，妈妈们一定要给女孩足够的自由，对一些无关紧要的小事可以不管或者是少管，让她们养成独立生活的习惯。

妈妈们要相信自己的女孩可以独立，有些事情女孩一个人完全可以应付得了。妈妈可以适当地让女孩选择伙伴与之交往、控制自己干涉女孩的念头，一定要让自己时刻信任女孩、尊重女孩的独立人格，放开自己的手给女孩自由，让女孩自己说出她最喜欢什么样的生活，鼓励她向着自己不知道的方向前进，鼓励她发现自己的"新大陆"。只有这样，妈妈才能把女儿培养成为生活中的强者，让女孩走自己想走的路，水到渠成地到达自己应该到达的位置。

建议二：没有谁能够永远享受保护

被喂养惯了的动物，突然有一天将它们放养，结果它们已经不能依靠自己的能力独立捕食了。对于动物而言，捕食是它生存的基本技能，否则就要饿死。生存法则告诉我们：太过安逸，就会在危机到来的那一刻不堪一击。

同样的道理，在父母庇护下长大的女孩通常没有在社会中独自生存的能力。一旦父母因为某些原因无法顾及她们，那样的话她们迟早会被社会淘汰。

在现今的社会中，独生子女居多，一个家庭可能会将几代人的关心与爱护都集中在一个孩子身上，尤其是女孩往往会得到更多的疼爱。妈妈们会在生活的各个方面照顾得无微不至：帮女儿穿衣系鞋带，陪着女儿复习准备考试，替女儿找人安排工作……正是由于家人过分的爱护使得女孩过分地依赖家庭，凡事都不肯自己动手。这样的女孩长大之后明显地依赖心很重，凡事自己不想动脑筋，遇到事情就总想找人帮忙，而且习惯于推卸责任。这样的孩子势必不会为社会所青睐。

日本著名的教育家多湖辉对于儿童的心理和脑力开发有着很深的造诣，他认为家长在教育的过程中注重孩子能力的培养是最好的办法。父母不仅要了解孩子独特的心理状态，同时还要懂得针对不同孩子的不同个性特征，不断地在生活和学习中摸索了解教育孩子的方法。比如说，让孩子在家中做家务，实际上这个活动对于孩子来讲是最有收获的教育，远远比在课堂上学习更有效果。

另外，我国著名的教育专家陈鹤琴老先生曾经说过："凡是儿童自己能够做到的，都应该让他自己来做。凡是儿童能够自己想到的，都应该让他自己去想。"这一句话，真的是符合成长规律的至理名言。实际上，如果想让女孩脱离对他人的依赖而去独立地发展和锻炼自己，走出成长的误区，并不是一件简单的事情。

很多女孩的妈妈大概都会有这样的想法：女孩比较娇嫩纤细，弱不禁风，所以要尽自己的全力来保护她。但是，过度的保护，无疑就是不好的了。

妈妈要将女孩看作是一个独立的人，有独立的思想，也需要独处的空间。鲁迅先生曾说："子女是即我非我的人，但既已分立，也便是人类中的人。因为即我，所以更应该尽教育的义务，教给他们自立的能力；因为非我，所以也应同时解放，全部为他们自己所有，成为一个独立的人。"鲁迅先生的话正表达了这样一种现代儿童观——子女，是我的孩子，又不完全等同于我，他从母体出来后，已与母体分开，成了人类中的一个独立的人。因为还是我的孩子，作为父母就有教育他的义务，而这种教育主要是教给他自立的能力，因为他不等同于我，所以要解放孩子，使他们完全成为独立的人。

平时，妈妈应培养女孩的动手习惯，培养女孩做力所能及的事情。没有一个妈妈可以永久地照顾自己的女孩，因此要有意识地让女孩从小就做一些力所能及的事情。只有从小事做起，才能逐步培养起女孩独立自主的精神。

妈妈们也要给女孩犯错的机会，锻炼她的自理能力。妈妈们要避免对女孩的过度保护，在做任何一件事情之前充分尊重女孩的想法和意愿，放手让女孩自己拿主意。如果我们是因为担心女孩犯错而帮助她做好一切的话，那么，这种事事被领着的女孩永远不可能长大。

第四章

良好"小"习惯，成就"大"未来

1
从小学会管理时间

很多年以来,哈佛新入校的学生都会听到这样的一些小故事:一位加拿大医生奥斯勒,为了从繁忙的工作中挤出时间来读书,强制自己在每天晚上睡觉之前必须读15分钟的书,哪怕已经忙到很晚,也要坚持,雷打不动。就这样,他天天睡觉前读书,一直坚持了50年,总共读了1000多本书,合计8000多万字。而他对人类最大的贡献就是,他成功地研究了第三种血细胞。

大家都知道,格劳福特·格林瓦特是世界上最大的化学公司——杜邦公司的总裁。公务繁忙对他而言是家常便饭。但身为总裁,他竟然也每天挤出一个小时的时间来研究世界上最小的鸟——蜂鸟,并在研究的过程中用专门的设备给蜂鸟拍照。后来,他撰写了一本关于蜂鸟的书,权威人士把它称为自然历史丛书中的杰作。

科尔是一位普通的美国数学家。20世纪初期,数学界曾流传着这样一道难题,那就是2的76次方再减去1的结果是不是人们所猜想的质数。很多学者为了攻克这一难题都在努力着,但都未能如愿,谜题依然没有揭开。后来有一次,在纽约数学学会的年会上,数学家科尔通过一系列令人信服的运算,成功地解答并证明了这道难题。当时有人问他:"您论证这个课题一共花了多少时间?"他掷地有声地回答:"三年内的所有星期天。"

好多年以来,哈佛大学的教授都不厌其烦地给新生讲述上面的小故事,以此来解释学校图书馆墙壁上的一句名言:"没有人可以随随便便的成功,成功只来自严格的自我管理和毅力。"

英国教育家赫伯特·斯宾塞说:"必须记住我们学习的时间是有限的。时间有限,不只由于人生短促,更由于人事纷繁。我们应该力求把我们所有的时间用去做最有益的事情。"学会利用时间,是很多成功人士的必备法宝,女孩们要想这一生有所作为,就一定要抓住稍纵即逝的时间。

苏格拉底说:"当许多人在一条路上徘徊不前时,他们不得不让开一条大路,让那珍惜时间的人赶到他们的前面去。"

很多人把时间当作河,坐在岸旁,束手无策地看它流逝;也有的人把时间当作自己忏悔的温床,躺在对过去的追忆与哀悼中,苦苦呼唤着已逝的时光;还有一些人把时间看作未来的宠儿,总是在晚霞中想象着旭日初升的欢愉。而时间自己却不管你把它当作什么,都按它自己的步伐从容不迫地走着。未来姗姗来迟,现在像箭一般飞逝,过去永远静立不动,而你对待这三者的态度决定了你能抓住时间还是被时间所抛弃。

莎士比亚说过:"在时间的大钟上,只有两个字——现在。"

昨天唤不回来，明天还不确定，一个人能拥有、把握的就是今天的时间，虚度今天，就是毁了昔日的成果，丢了来日的前程。

古今中外，凡事业有成者，都是十分珍惜和善于驾驭时间的人。我国宋代文学家欧阳修说："余平生所做文章，多在三上——马上、枕上、厕上。"三国时董遇读书的方法是"三余"：冬者岁之余，夜者日之余，阴雨者晴之余。也就是说充分利用寒冬、深夜和阴雨天，别人休息的时间发奋苦学，他还认为"三余广学，百战雄才"。

鲁迅先生说过："我把别人喝咖啡的时间都用到读书和学习上。"他几十年如一日，从不浪费一分一秒，为后人留下了700多万字的著作。就在重病缠身的日子里，他还抓紧时间工作和学习，在逝世的前一天，还写了他最后的一篇作品《因太炎先生而想起的二三事》，真是惜时到了生命的最后一息。

女孩们也可以效仿这些成功的伟人，充分利用自己的闲暇时间。其实，已经有一些女孩开始这样做了，她们将外语单词和语法记在小本子上，随身携带，等公交车时拿出来读一读，排队买饭的时候掏出来背一背，日积月累，她们的成绩有了显著的提高，这无疑要将一部分功劳归于闲暇时间的利用。

● **建议一：守时就是最大的礼貌**

时间如同金钱，越是懂得利用时间的人，越感觉到时间的价值；越是贫穷的人，越感觉到时间的可贵。问题是当我们富有时，往往不知如何利用而任意挥霍了时间，但当真正需求的时候，时间却已经所剩无几了。

要想赢得时间，就必须做到恪守时间。

守时就是遵守对时间的承诺，是对自己和别人生命的尊重，是一个有助于打动别人的简单方法，守时是信誉，也是最大的礼貌。时间是生命的计量符号，是生命的格式特征，不守时就是对生命的践踏；守时即惜时，是珍爱生命、尊重生命的表现。成功的秘诀在于守时，有时间观念，这是一种信用。

守时就是遵守承诺，按时到达要去的地方，没有例外，没有借口，任何时候都要做到。如果你对别人的时间不表示尊重，你别指望别人会尊重你的时间。如果你不守时，你就没有影响力或没有道德的力量。但守时的人会取得职员、助手、货商、顾客……每一个人的好感。

守时就是诚实守信，诚实守信是一种美好的品德，更是做人的基本原则。近年来，诚实守信在社会上的被重视程度逐渐提高。

约会准时问题是我们最常遇到的诚信问题之一。每逢节假日，朋友约好了出去是常事。事先我们都会定好时间和地点，可是到了时间后，总会有人迟到甚至不去。"路上堵车""起晚了""自行车坏了"……迟到者总是有千万条理由——搪塞焦急等待着他们的人。以如此草率的态度对待每次朋友间的约定，久而久之，就会失去朋友的信任。其实，若是你真的有事情会影响你赴约，早一些告诉同行的人就会避免类似的局面出现，而你也算是坚持了诚信的原则。

生活中类似的问题还有许多,对于小事不加以重视的我们就这样一次次抛弃了诚信。我们在今后要做的,就是在小事上提高自己的注意力,将诚信的原则渗透到我们生活中的每一个细节。特别需要引起注意的是,在生活中,我们也许有过失信于人的经历,有些人会因此"破罐破摔"地反复践踏诚信。但事实上,越是曾失信于人,就越应该以亡羊补牢的态度在今后的生活中努力改变自己失信的习惯,只有这样,才能继续得到别人的信任。

● 建议二:告诉女孩大可不必那么慌张

凯瑟琳是一个十分珍惜时间的人,她从来不浪费一秒钟的时间,只要时间允许,她就一定在拼命工作。所有知道她的人都说:"看,凯瑟琳真是太会珍惜时间了!"人们都知道,为了能成为一名出色的建筑师,她拼命地想要抓住每一秒钟的时间。

每天,她把大量的时间用在设计和研究上,除此之外,她还负责很多方面的事务,时间长了,她自己也感觉很累。而其实,在她的时间里,有很大一部分时间都浪费在管理其他乱七八糟的事情上了。无形中,她增加了自己的工作量。

有人看她忙得实在是不可开交,就问她:"为什么你的时间总是显得不够用呢?"她笑着说:"因为我要管的事情太多了!"

后来,一位学者见她整天忙得晕头转向,但仍然没有取得令人骄傲的成绩，便语重心长地对她说："人大可不必那样忙！"

"人大可不必那样忙？"这句话给了她很大的启发，就在她听到这句话的一瞬间她醒悟了。她发现自己虽然整天都在忙，但所做的真正有价值的事实在是太少了！这样做对实现自己的目标不但没有帮助，反而限制了自己的发展。

从睡梦中惊醒的凯瑟琳除去了那些偏离主方向的分力，把时间用在了更有价值的事情上。很快，她的一部传世之作《建筑学四书》问世了，该书至今仍被许多建筑师们奉为《圣经》。她的成功只是因为一句话："人大可不必那样忙！"

很多时候，我们会觉得，生活中有太多需要关注的、需要去做的事情，女孩喜欢唱歌、跳舞也不错，画画也行，所以就哪一样都不愿放弃，都要进行。但实际上，人的精力毕竟是有限的，与其参与那么多却一个都没成功，倒不如把精力和时间都集中朝着一个方面努力发展，取得更精、更高的水平，这样才有可能真正成功。

勤奋的人更懂得节俭

有这样一家贸易公司，主营业务是小商品批发，尽管表面生意兴隆，但年终结算时总是要么小亏，要么小赢，年复一年地空忙碌。几年下来，不但公司规模没有扩大，资金也开始紧张起来。眼看竞争对手的生意蒸蒸日上，分店一家一家地开张，公司老板张某决定向对方求教取经。

待对方把一笔笔生意报出后，这个老板更纳闷了：两家交易总量并没有太大的差距，为什么收益却这么大呢？看着目瞪口呆的张某，对方道出了其中的原委。

原来，在公司员工的共同努力下，这家公司对商品流通的每一个环节都实行了严格的成本控制。比如：联合其他公司一起运输货物，将剩余的运力转化为公司的额外收益，几年下来，托运费就赚了将近60万元；采购人员采购货物时严格以市场需求为标准，使存货率降至同行最低，每年大约节约货物贮存费5万元，累积下来将近20万元；与供应商签订包装回收合同，对于可以重复利用的包装用品，待积攒到一定数量后利用公司进货的车辆运回厂家，厂家以一定的价格回收再用，这项收入大约为每年2万元；为出差人员制定严格的报销标准与报销制度，尽管标准比别家略低，但公司规定可以在票据不全的情况下按标准全额支付差旅费，该项措施每年为公司节约大约5万元。

严格的成本控制不但为公司节约了可观的资金，也培养了公司员工的成本意识，倡导节约、反对浪费已经蔚然成风。

在市场以及职业竞争日益激烈的今天，节约已不仅仅是一种美德，更是一种成功的资本。商业经营的终极目标就是要赚取利润，节省在某种程度上就是收入。而且，省下来的一分钱，大于所赚的一分钱。因为，节省下来的每一分钱，都是地地道道的纯利润。那么，能够为企业节约开支的员工，就是在为企业创造利润。

人们都知道，犹太人的理财智慧是很高明的，同时，世界上还流行着这样一种说法："犹太人是吝啬鬼。"这一说法虽然带有偏执的色彩，但也不是毫无根据的。在商业活动中，不少人都会发现，不管是富有的犹太商人还是处于创业初期的犹太商人无不是精打细算的，即使是小量的金钱和物品，也没有人会随意丢弃。

实际上，身为商人，如果不懂得节俭和爱惜金钱，那又怎么会盈利呢？即使不是经商，在生活中，几乎所有犹太人都奉行着这样的理财观念：把钱花费在需要的地方，在不该用的地方，即使是1美元也不要浪费；在宴请宾客时，以吃饱、吃好为尚，不会讲排场、乱开支；在生活中，以积蓄钱财为尚，不会用光、吃光。正是凭借着这样的理财观念，犹太人积累了不少财富，有本钱之后他们便开始经商，经商时仍始终奉行着爱惜钱财的行为，勤俭节约，最终积累出了可观的财富。有些犹太人还进行过这样的测算：依照世界的标准利率来算，如果一个人每天节省1美元，88年后可以得到100万美元。这88年时间虽然长了一点，但每天节省2美元，大都在实行了10年、20年后就能够很容易达到100万美元。

这就是犹太人理财智慧之一，也是一些犹太人经营致富的重要秘诀，他们在努力创造新的财富的同时，也总是想办法守护自己的既有财产，在爱钱的同时也惜钱。犹太富商亚凯德就曾经说过："犹太人普遍遵守的发财原则，那就是不要让自己的支出超过自己的收入。如果支出超过收入便是不正常的现象，更谈不上发财致富了。"

其实不仅是在经商时需要爱惜钱财，我们在生活中也同样是如此。试想，一个总是大手大脚、不懂得爱惜钱财的人又怎么能积累出财富呢？所以从这点上来说，犹太人对待金钱的态度是很值得我们学习的。

● 建议一：成由节俭败由奢

阳阳和朗朗是好朋友，朝夕相处在一起。

和阳阳在一起吃饭的时候，朗朗从来都没有看到过她浪费，她不会乱丢一粒米，每天中午吃饭，她都会吃得干干净净。

对于这些孩子来说，中午吃饭扔一些米，那又算得了什么呢？

可是阳阳从来都不会。

起初朗朗对阳阳的行为表示不理解，觉得她一定是家庭条件不好，后来发现不是，她的爸爸妈妈还有姐姐都有稳定的工作，她是家里面最受宠爱的孩子。

有的时候，很多同学会看到阳阳的妈妈来到学校里给她带来新鲜的汤羹，心里都特别羡慕她：阳阳真是一个幸福的孩子。

那天阳阳和朗朗在一起吃饭，把饭菜要多了发现吃不了，朗朗说："算了，吃不了就扔在这里吧。"

阳阳却不同意她的意见，对她说："朗朗，我们不着急，慢慢把这些吃完了再走吧。"

朗朗不禁感叹，只要和阳阳外出，休想浪费食物。

不仅如此，阳阳还特别懂得珍惜资源，她会在教室里随手把灯关掉，如果看到水龙头没有拧好，就会跑过去关好再离开。

记得有一次，厕所里面的水在不停地流，无论如何都停不住，阳阳发现之后赶快就去把总闸关掉，然后跑到物业部去报修。回来还和朗朗说："如果不修理的话，不知道要浪费多少水，那就太可惜了。"

这就是阳阳，多可爱的女孩啊。

其实每个人都不应该浪费，或者可以这样说，是没有资格去浪费，因为资源不是属于某个人，而是属于自然界所有的生物，资源不是属于某一代，而是属于往后一代又一代的人。所以，基于此，我们才说浪费是可耻的。

"我在马路边，捡到一分钱，把它交到警察叔叔手里边。"这首歌几乎已经没有人再唱了，很多人看到地上躺着一枚硬币，也不会再弯腰捡起它了。

在校园中，浪费现象更是屡见不鲜，水龙头中的长流水，教室、办公室中人去灯不熄，教室外的垃圾桶里可以见到的半新的书包、文具、还没有吃或者没有吃完的水果、点心、牛奶，食堂里每顿倒掉的剩菜剩饭；还有，每到暑假时候，毕业班的同学把还可以穿的衣服当成垃圾丢到垃圾房里……

我们这个世界上的资源其实是非常有限的，它属于我们所有的人，不管是谁都没有权利挥霍和浪费。每个人都有义务使这些有限的资源得到更好的和更有效的利用。

成功的人都应该明白，只有节俭，才能为自己累积更多的财富。悉尼奥运会上曾经举办过一个以"世界传媒和奥运报道"为主题的新闻发布会，出席的有世界各地的传媒大亨和记者数百人。

就在新闻发布会进行之中，人们发现坐在前排的炙手可热的美国传媒巨头NBC副总裁麦卡锡突然蹲下身子，钻到了桌子底下，他好像在寻找什么。大家目瞪口呆，不知道这位大亨为什么会在大庭广众之下做出如此有损自己形象的事情。

不一会儿，他从桌下钻出来，手中拿着一支雪茄。他扬扬手中的雪茄说："对不起，我到桌下寻找雪茄，因为我的母亲告诉我，应该爱护自己的每一个美分。"

麦卡锡是一个亿万富翁，有难以计数的金钱，他可以挥金如土，可以买到一切能用钱买到的东西，一支雪茄对于他来说简直是微不足道。按照他的身份，应该不理睬这根掉到地上的雪茄，或是从烟盒里再取一支，但麦卡锡却给了我们第三种令人意料不到的答案。

美国有位作家曾以"你知道你家每年的花费是多少吗"为题进行调查，结果是近62.4%的百万富翁回答知道，而非百万富翁则只有35%知道。该作家又以"你每年的衣食住行支出是否都根据预算"为题进行调查，结果竟是惊人的相似：百万富翁中编预算的占2/3，而非百万富翁只有1/3。进一步分析，不做预算的百万富翁大都用一种特殊的方式控制支出，亦即造成人为的相对经济窘境，如将一半以上的收入先做投资，剩余的收入才用于支出。

这难道是巧合？当然不是！其实这正好反映了富人和普通人在对待金钱上的区别。节俭是大多数富人共有的特点，也正是因为节俭，他们还养成了精打细算的习惯，有钱就拿去投资，而不是乱花。看看在你的周围，你是否会发现这样的人，他们花钱就像流水一样，总是胡乱挥霍，他们把父母亲戚给的钱用来打游戏看电影或者是喝酒抽烟，甚至有的人即使没什么钱，也偏要胡乱地把钱花光，等到需要用钱时却分文全无。试想一下，如果他们有节俭意识，能把这些不必要的花费节省下来，时间久了那一定是大为可观，而且这笔钱也可以为将来的发展奠定一个经济基础。

"成由节俭败由奢。"资源有限，无节制地挥霍和浪费，终会自食恶果。世界上没有任何财富是花不完的,但你要记住,所谓"由俭入奢易,由奢入俭难",在当省的时候不省,那么在当用的时候你就会发现没有什么可用的了。

● 建议二:帮助女孩养成勤俭节约的好习惯

有一次,王强去一个朋友家做客。晚餐时,厨师为朋友的女儿特别做了一盘酸奶油木耳,可是,小女孩却一点也不吃,将这盘菜全都倒在了地上,只因为这道菜不合她的口味。从这点王强可以看出,这个小女孩平时一定是被宠惯了的。

看见朋友对这种行为居然视若无睹,王强忍不住说道:"真浪费呀!这么好的木耳不吃就倒掉。"

"有什么浪费的,树林里多的是。要吃的话,明天叫人再去采就是了。"小女孩说。"可是去采也是很辛苦的呀!你这是不尊重别人的劳动成果。""不会啦!有什么辛苦的呢?采木耳是一件很好玩的事呀!"

"真的吗?那我们两个人把这个星期采木耳的工作承包下来,怎么样?""好啊!我正想去森林中玩呢!有你和我一起,爸爸一定会答应的。"

于是,每天早晨,王强和小女孩去几千米之外的森林采一篮木耳回家。开始的头两天,小女孩兴致很高。第三天她有些受不了了,开始叫苦叫累,第四天就完全不行了。她说,她腰酸背痛不能去了。不过这几天,不管木耳做得味道如何,她都能吃得干干净净，一片不剩。偶尔她的父亲要扔掉一片，她都阻止道："哎！太浪费了，你不知道我采得多辛苦！"从此之后她明白了，节约是对劳动的最大尊重，因为一切东西都是来之不易的。

只有懂得辛劳的人，才懂得一衣一食一物的来之不易，也才懂得俭朴，在工作或事业中才能刻苦顽强。女孩们学会在节俭中积累财富，就是要学会珍惜金钱和物品、不浪费，要懂得自己的吃穿用都是来之不易的，随意浪费是不珍惜劳动果实、不尊重劳动的表现。所以要学会控制自己的行为，先认真思考再花钱，避免盲目消费；要养成储蓄的习惯，在花钱的时候尽量节俭一些，适当储蓄。

有些女孩之所以一踏入社会就花钱如流水，胡乱挥霍，是因为她们从不知道金钱对于事业的价值。她们胡乱花钱的目的只是想让别人觉得自己"阔气"，或是让别人感到她们很有钱。

具体来说，造成女孩们浪费的原因不外乎三种：一是对任何物品都讲究时髦，比如服饰、日用品、饮食等都想要最好的、最流行的，任何方面都想越阔越好；二是不善于自我克制，不管有用没用，想到什么就买什么；三是有了各种各样的嗜好，又缺乏戒除这些嗜好的意志。总之，她们从来不去考虑加强自身的修养，克制自己的欲望。

如果你是一个挥金如土、毫不珍惜的人，那么你的一生就可能因此而断送。因此，为了自己的将来，为了女孩的好未来，家长应该帮助女孩去掉攀比和虚荣的心理,及早帮助女孩养成节俭的好习惯。

那么,如何帮助女孩改掉浪费的毛病,养成勤俭节约的好习惯呢?

(1)正确认识金钱的含义。要懂得钱是什么,钱是怎么来的和怎样正确地对待钱财。

(2)学会花钱。让女孩学会自己买东西,如何用钱,如何选择物有所值的物品。把钱保管好,防止丢失、被窃。养成先认真思考再花钱的习惯,避免盲目消费。可以让女孩"一日当家"、记收支账,这是学会理财、培养节俭品质的好方法。

(3)学会积累。手里的零用钱、压岁钱应该计划使用,适当积累。在存钱、用钱的过程中养成节俭的好品质。

(4)懂得量入为出。必须明白,花钱必须有经济来源,花钱要看支付能力如何。即使家庭经济富裕,也要坚持前面提到的三条标准。

(5)珍惜物品,不浪费。要懂得所吃、所穿、所用来之不易,随意浪费是不珍惜劳动果实、不尊重劳动的表现。经常参加劳动,体会劳动的艰辛。

(6)去掉攀比和虚荣的心理。告诉女孩,从现在开始,从身边小事做起,一点一滴地养成节俭的好习惯,为今后的好生活打下基础。

3
将快乐变成一种习惯

不快乐的人即使看到阳光也不会感受到灿烂,所以忧郁的眼睛只会看到灰色。不快乐的人在遇到困难的时候总是把问题往不好的方面想,继而退缩、停止不前。不快乐的人不自信,她不会镇定地迎接挑战。不快乐的人遇到问题时往往惊慌失措,毫无主见。

你的孩子是否有这样的时候?或悲观忧郁,或在困难面前退缩迟疑和惊慌失措?如果是,那么你的孩子需要学习快乐的智慧。因为快乐的人始终拥有积极乐观的心态,因此也就拥有积极思考和主动应对的动力,也就会具备对人生的掌控能力。

张珊和张仪是姐妹俩,很小的时候她们就失去父母,相依为命。姐姐张珊整天闷闷不乐,总是抱怨生活。妹妹张仪却乐呵呵的,快乐地忙来忙去。不幸的是,一次火灾从天而降,虽然得救,但她们却被大火烧得面目全非。

姐姐经常唉声叹气:"被烧成这样,我以后怎么见人?还怎么养活自己?还不如死了算了。"妹妹则经常劝姐姐:"我们能捡回这条命,就证明我们的命很珍贵,我们是幸运的,应该让我们的生活更有意义。"

姐姐一直自卑自闭,她无法面对别人对她的嘲讽,对生活完全失去了信心,最后吞食了大量的安眠药,结束了自己的生命。妹妹张仪却时常提醒自己:"我生命的价值比谁都高贵。"无论遇到多大的冷嘲热讽,她都咬紧牙关昂首挺过去,坚强乐观地生存下来。别人见到的她始终是一副快乐的样子。

一天,妹妹为别人送货,途中见到一个人不小心滑进河里,她救起了这个人。为了报答救命之恩,这个人决定帮助他。凭借着诚信经营,张仪从一个积蓄微薄的送货司机,逐渐发展成了拥有一个有数百万资产的运输公司的老板。

相同的经历,同样的不幸却有着不同的命运,理由很简单,就是看是否拥有快乐的心情和乐观的心态。不幸不可避免,但是命运却由自己掌控。用悲伤的眼睛看世界,又如何能看到生命中的阳光?威廉·詹姆斯曾说过:"这一代最伟大的发现是:人类若改变本身的心态,就能使生活本身发生变革。"所以,作为父母,培养一个懂得快乐、有着乐观心态的女孩尤为重要。

懂得了快乐,你的女儿就能主宰自己的人生。

当女孩表现很好时,不要只是说"很好"。赞美要具体一些,说出细节,指出有哪些地方让人印象深刻,或是比上次表现更好,例如,"你今天主动跟警卫伯伯说早安,真的很有礼貌。"不过,赞美时也要注意，不要养成孩子错误的期待。

有些父母会用礼物或金钱奖赏女孩，让女孩把重点都放在可以获得哪些报酬上，而不是良好的行为上。父母应该让女孩自己发现，完成一件事情所带来的满足与成就感，而不是用物质报酬来奖赏她。

● 建议一：将不快乐统统留给过去

女孩进入青春期后，往往会不由自主地关注自我，关心自己在别人心目中的形象。一方面她们对自己常常不满意；另一方面又担心别人不喜欢自己。加上女孩情绪不稳定，易偏执地看问题，因此在这一时期，女孩的内心相当敏感细腻。有时，还会莫明其妙地感伤。

如果此时女孩没有能够调节好情绪，长时间处于悲伤状态，或者其父母没有给予恰当帮助，那么女孩很有可能会由感伤情绪发展成抑郁心理，进而影响身心健康。

阿珠出身于农民家庭，父母均无文化。她自小勤奋好学，家中对她寄予的希望很大，她也想依靠自身的努力使父母生活得更好一些。因此，她自小就埋头苦读，从小学到高一，她的学习都很好。但由于一心读书，她很少交朋友，根本就没有什么知心伙伴，因此，她常感到很孤单。

上高二后，她压力很大，学习成绩飞速下降。她整个人也变得郁郁寡欢。她心里常有一种难以言状的苦闷与忧郁感,但又说不出什么原因,总是感到前途渺茫,一切都不顺心,老是想哭,但又哭不出来,即使是遇到喜事,她也毫无喜悦的心情。过去很有兴趣去看小说、听音乐,但后来就感到索然无味。有时她感到很悲观,觉得自己前途一片渺茫。

很显然,阿珠现在被抑郁缠身,很难挣脱。过大的压力和内向的性格是抑郁情绪形成的两大元素,而悲伤的情绪得不到合理宣泄则是其逐渐恶化的首要原因。

抑郁的女孩总是处于一种自我责备、自我贬低状态。她们无论对环境压力还是对自我,都不能积极地对待。对环境压力总是被动地接受而不能积极地控制,更谈不上改造;对自我也总感到难以主宰而随波逐流,于是在人生征程上没有理想与期待,只有失望与沮丧。总感到茫然无助,陷入深重的失落感而难以自拔,对一切都难以适应,只能退缩回避。

家长如何得知自己的女儿是不是陷入抑郁状态呢?

一般来说,可以首先对她的生活进行一番审视。看看她在学业上是否退步;或最近是不是经常和朋友吵架、和家人发生冲突;她最近有没有说"我觉得没什么未来""生活不可能好起来了""我不会再烦你了"等消极的话语;看看女孩最近是否注意力不集中,记忆力下降,心神不宁;是否对以往感兴趣的事物提不起精神。

如果答案是肯定的,那您的女儿可能已经有了抑郁情绪,如不能及时调节，还可能导致抑郁症的发生。

那么如何帮女孩走出抑郁情绪，重新找到生活的快乐呢？在此，我们将和家长分享一种教育方法：

父母不妨送给女儿一个精美的公主式日记本，并鼓励她从今往后开始写日记。

但父母务必要教给女儿一些写日记的正确方法。因为如果写日记的方法不对，女儿不但不能摆脱忧伤，反而会更加忧郁。

这里告诉家长们日记里隐藏的情绪疗法。

写日记的时候，最好多回忆回忆今天或最近发生了哪些难忘的美好的事。将这些美好的事写在日记本上。比如"同学帮我值日了""我的数学考试得了A""老师今天夸我聪明""同学默默说我漂亮"这类积极的美好的事情一定要写进去。

当然，写日记是为了宣泄情绪，悲伤的事情也要记入日记中。但在这里要注意一点：在记录那些不快乐的事、不幸的事时，不要一味抱怨、宣泄，这样只会在这一过程中强化了自己不平衡、不平静的心态。

正确的做法是突破思维局限，从一个全新的角度来认识这些带来不快乐的人和事，并记录下自己的心得体会，比如写出"我对这个事怎么看""别人怎么看""我下一步应该怎么处理"。这样，写日记就变成一种对自己人生应对方式的整理和总结，你由此获得的是自我审视的机会，并在这个过程中强化一种积极的情绪和心态。

建议二：多拥抱会让女孩更快乐

当女孩出生的时候，细心的家长都会发现一个问题：她似乎不太喜欢安分地躺在自己的小床上一个人玩耍。当妈妈把她抱上婴儿床转身离开的时候，她就会哭闹不止，直到妈妈跑过来哄她。难怪有的时候家长们会说自己的女儿：

"她知道欺负人呢，只要看我闲下来，就会哭闹着让我过来哄她。"

"这个小家伙，居然懂得找人陪她说话呢。"

这就是女孩的天性，她对于接触的感觉要比男孩敏感得多，幼小的女孩通常是以感受父母的拥抱来确认自己在他们心中的重要性。所以，多给女孩一些拥抱，她会生活得更加愉快。

小女孩波波在刚生下来的时候似乎不太受到爸爸妈妈的重视，在她很小的时候，妈妈就经常把她放在床上自己干活去了。波波起初经常会大哭大闹，但是妈妈对此不理不睬，任凭波波在床上"哭天抢地"。时间久了之后，波波果然不喜欢哭闹了，而且对周围的事物反应比较迟钝，有的时候爸爸过来逗逗她，她也没有什么反应。波波逐渐大了一些，但是她似乎不喜欢爸爸妈妈，也不喜欢听他们说话，也不喜欢笑，就自己一个人默默地坐在那里玩耍。这个时候波波的爸爸看出问题的严重性了："这个孩子看上去呆呆的，会不会有些智障呢？"

波波被带到了医院，医生根据观察她的病情得出结论，波波所患的是一种"皮肤饥渴症",因为她从小得不到父母的爱抚与亲昵,导致发育不好,并且妨碍到了智力的发展。

爸爸妈妈万万没有想到抱抱孩子能对孩子的发展有如此大的作用。而事实上,拥抱孩子能比语言更好地传达给父母想要表达的疼爱之情。一个经常接受父母拥抱的女孩,总是会比其他的女孩更加活泼开朗。不要小看拥抱,这种身体的拥抱激活了女孩大脑思维细胞的基因链,让她的每一种生命功能都能发挥到最大限度。

爱自己的女儿,就多给她一些拥抱吧。

小女孩们能够从温暖的拥抱中找到勇气,不再惊恐不安。女孩在成长的过程中同样需要父亲的拥抱。

在女孩出生两年之内,每天和女婴保持15分钟的身体接触,将会使以后与子女的交流更加融洽。在父亲温暖的怀抱中,女孩体会到的是温馨。

有一位儿童行为研究专家认为:大人的拥抱能使女孩感受到快乐,这有利于她把自己的能量集中在最需要的地方——调整自己的呼吸系统和消化系统,并使之得到清理,对于很多孩子来说这是有一定困难的。正因为如此,经常被拥抱的女孩要比其他的孩子更加健康。

孩子长大之后,家长可能会忽视和孩子进行拥抱,一方面觉得她已经长大了,不像小时候那样需要哄着。另一方面因为家长总是想要显示自己的权威，爸爸可能会觉得如果和女孩拥抱的话会让自己不再威严。其实这种观点是错误的，大一些的女孩同样需要父母的拥抱。

拥抱会帮助父亲与女儿在进行沟通的时候更加顺畅，不易产生误解，而且在转瞬之间即可完成，比语言更有感染力。

拥抱女孩所起到的作用是让她感受到爱。当领会到这个道理之后，聪明的爸爸就会明白其实很多其他的行为也都能起到和拥抱一样的作用。父亲只要多用点心思，就能挖掘出很多向女孩表示爱意的举动，比如对女儿说一些温和的话，在说话的时候认真地倾听并注意女儿的眼睛等。

爱的动作是父亲给予女儿最好的礼物，是保证两代人感情维系的最好方式，父亲们千万不要放弃这个简单又具有温情的方法。

第五章

完美的女孩不任性，更理性

1
女孩认清自我才能更从容

"爱自己"听起来很简单,也是一个老生常谈的话题,但真正完、理性地爱自己的人其实并不多,也就是说现实生活中,很多人实际上是缺乏"爱"的能力的。虽然我们知道这严重影响了我们原本应当更加灿烂的人生。

要懂得人间有爱、世界有爱,首先得从爱自己开始,爱自己是一切爱的基础。

是不是足够爱自己,你可以试着自问以下几个小问题:

(1)你喜欢自己的父母以及他们给你取的名字吗?

(2)你喜欢自己的才干或学历吗?

(3)你喜欢自己的气质、谈吐、微笑和习惯性的小动作及打喷嚏的声音吗?

在现实生活中,有许多给出这样的答案:"不""还好吧""已经这样了,能怎么办呢"等,这些答案不免使人感到悲哀:为什么我们总是只会"发现"并且难以原谅自己的错误?

或许有人说,爱自己岂不表明一个人过于自恋?这种想法其实是错误的。我们必须清楚爱自己其实既是一种孩童般的天真无瑕，又带有一种哲人般的知性豁达；既包含着一种"要进取才有前途"的智慧，又有着"自己并没有那么重要"的襟怀和勇气。总之，就是热爱自己一切与生俱来或亲手打造的东西，并努力发扬光大其中的长处。

然而，"爱自己"却并不容易做到。简单点，在一件细小的事情中可以体现，复杂点，要用一生的过程去打造。因为在这个世界上没有人是完美的，身为凡人，我们的缺陷更是成箩成筐，如果较起真儿来我们干脆别活了。所以如今，只要我们尚拥有一颗热爱美好的心，并为此孜孜努力着，我们就应该认为自己是个可爱的人。

还有人说爱自己是一种自私的行为，这同样也是不正确的。

爱自己不是一种自私行为，我们这里所说的爱并不是虚荣、贪婪、傲慢、自命不凡，而是一种善待自己，对自己无条件接受的做法。如果你能够认识到自己是一个有自尊心的综合体，如果你能够注意养生，保持自己的身心健康，那你就已经学会爱自己了。如果你拥有了这种爱，那你也就可以把它奉献给别人了。

爱，非常像花散出的香气，无论有没有人去闻它，香气都是存在的。那些有爱的天性的人们，无论走到哪里，都会辐射出爱。而且，他们把爱撒播给别人并不是通过压制自己的欲望、牺牲自己的需要来实现的。而是由于他们十分充实地享受生活，所以非常希望别人也能分享这种快乐。他们在友善地对待他人的过程中，发现自己能够获得一个愉悦的心情，这种愉悦正是他们的爱产生的源泉。因此，为了更好地爱自己，不妨做如下尝试：

在你比较轻松、事情比较少的日子里，专门空出一天时间。在这一天中，做你自己最要好的朋友，满怀感情地对待自己，为自己祝福，你可以放声歌唱，你可以尽情地舞蹈，用一整天的时间来爱自己。

通过友善地对待自己，你会逐渐地觉得自己的状态开始好转，觉得生活是美好的，而且你还会对自己的身体和思想产生感激之情。

因为不敢爱自己，不会爱自己，没有爱过自己，因此没有养成爱自己的习惯，结果在"爱他"的过程中自卑产生了，自信消失了，随之消失的还有志气、理想、信念、追求、憧憬、主见和创造的精神。

也许你担心自己过于平凡，你既没有非凡的智慧，也没有一技之长，你更没有惊人的力量，甚至是财富和地位……哪怕你一无所有，你仍然有理由珍爱自己。我们始终都在走一条路，一条属于自己的路；我们始终都在营造一处风景，一道涂抹着个性色彩的风景。路在延伸，风景依然亮丽，我们把朝霞走成了夕阳，把暖春走成了寒冬……我们为什么不能爱自己呢？

我们有足够的理由爱自己，一是只有自己才是属于自己的；二是只有热爱自己，才能热爱他人；三是只有热爱自己，才能出现和巩固这个不断延长爱的世界。

要相信，每个人都有自己的位置，每个人都能找到自己的位置,发出自己的声音,踏出自己的旅途,做出自己的贡献,我们应该相信:正因为有了千千万万个"我",世界才变得丰富多彩,生活才变得美好无比。

学会爱自己,只有爱自己,生命之花才能馨香芬芳。

● **建议一:告诉女孩她不是世界的中心**

再过几天就是晓白的生日了,爸爸妈妈说今年要给晓白过一个"豪华级别"的生日——举办生日晚会,请了很多的人过来陪她一起过生日,除了爸爸妈妈的一些比较要好的朋友、同事之外,晓白也想请她班上的同学过来。

晓白兴冲冲地抓起了电话听筒,给所有能想到的人都打了电话,最后她想起了班上有一个最不爱说话的男生张亮,晓白也想邀请他过来,让他和同学们关系更加融洽一些。

"张亮,下个周六的晚上,我要在家里举行一次生日晚会,我和爸爸妈妈都希望你能够参加,你有时间吗?"

"我还是不去了吧,路途太远了,怕晚上回来之后不方便。"

其实晓白心里清楚,张亮是害怕见到许多的陌生人,于是晓白安慰他说:"没事的,咱们班上有很多同学都来了,我还和妈妈说了,你的口琴吹得特别好,给你安排一个节目。如果你不来的话大家会感到遗憾的。"

"这样……那好,周末我过去吧。"电话那头的张亮终于大大方方地答应了。

妈妈在晓白后面一直听她打电话，她表扬晓白说："晓白做得不错，你能够让别人感觉到他在你心目中的重要地位，这是一个很好的习惯啊。每一个人都有被尊重的需要，我们要满足人们的这种需要，这样很多事情都会迎刃而解。"

"嗯，那我们怎样才能让别人感觉到自己很重要呢？"晓白想进一步请教妈妈。

"其实很简单，只要在生活中不吝啬自己对他人的由衷赞美和认可，能尊重他人的兴趣爱好，在你的尊重和认可中让对方认识到自己的价值就可以了。这也是发挥你影响力的一种重要途径。"

嗯，晓白明白了，在生活中要懂得尊重别人，赞美别人，因为自己并不是这个世界的中心。

很多人都会有类似的体会：当被别人夸奖学习成绩好时，你的心里顿时觉得美滋滋的。当别人说你很懂礼貌时，你的笑容顿时绽放如花，当有人夸你漂亮，你会一整天心情愉悦，卡耐基也曾说：姓名是最甜蜜的语言，当你与他有交往时，提出他的名字，并真诚地赞美他时，往往这样的人更容易走向成功……

而当你由衷地赞美对方时，你会发现，对方的反应也会同你一样。甚至是两个陌生人之间，也会因为一句赞美而迅速地拉近了距离。

每个人都渴望得到别人及社会的肯定和认可，尤其在付出了必要劳动和热情之后,都期待着别人的赞美。所以,不妨把自己需要的东西先慷慨地奉献给别人,而这无疑是在给你的人际交往添加润滑剂。

世界上的人大都爱听好话,没有人打心眼里喜欢别人来指责他,就是相濡以沫的朋友,你批评几句,对方往往脸上也有挂不住的时候。

美国哈佛大学的专家斯金诺通过一项实验研究证明,连动物的大脑在收到鼓励的刺激后,大脑皮质的兴奋中心也会开始起劲调动子系统,从而影响它行为的改变。同样的道理,人作为万物的灵长,期望和享受欣赏是人类的基本需求之一。

林肯有一次在写信时,开门见山地说:"任何人都喜欢受人奉承。"美国著名心理学家威廉·詹姆斯也说:"人性深处最大的欲望,莫过于受到外界的认可与赞美。"

人类正是因为有这种渴望与价值的冲动,才会有人在一文不名、帮人打杂的情况下,仍不惜花掉仅有的微薄工资,去买法律书来看,充实自己、提高自己。

这个可怜的杂工绝非虚构,他就是美国前总统林肯。

人类大部分的成功和失败都源于对这种需求的满足。许多在事业上卓有成效的伟人正是因为他们懂得这种取人之术——真诚地赞美他人。

只要给予他人由衷的认可和毫不吝惜地赞美,人们自会感怀在心,牢记着你的每一句话,甚至在你早就忘掉自己的赞美之后,他们仍将视同珍宝般反复地在记忆中取出，慢慢地品味、咀嚼。

赞美的力量是巨大的，所以，在面对别人的时候，发现对方的优点，并给予真诚的赞美吧！

● **建议二：让女孩明白没有人必须对她好**

在人际交往中尊重别人的人格是赢得别人喜爱的一个重要条件。人格，对每个人来说，都是最珍惜、最宝贵的。对每一个人来说，他都有这样一个愿望：使自己的自尊心得到满足，使自己被认可、被尊重、被赏识。如果你不尊重他的人格，使他的自尊心受到了伤害，当时，他或许会一笑了之，但是，你却严重地打击了他。事实上，如果你表示出了对他的不尊重，即使他当时对你还是很友善，但是，如果他不是一个精神境界极高的人，他以后是不会很喜欢你的。这样，你就"赢得了战场，而输掉了战争"。

相反，如果你满足了他的自尊心，使他有一种自身价值得到实现的优越感，那么，这表明你很尊重他的人格，你帮助他获得了自我实现。他因此会为你所做的一切表示友好，对你有一种感激之情，他便会喜欢你。

一些高明的政治家是精于此道的。为了笼络人心，赢得别人的拥护和支持，他们绝不轻易伤害别人的自尊和感情。一位评论华盛顿政治舞台的专家指出："许多政客都能做到面带微笑和尊重别人，有位总统则不止如此。无论别人的想法如何，他都会表示同意。他会盘算别人的心思，并且能掌握这些心思的动向。"

只有尊重别人，别人才会喜欢你。你满足别人的精神需求，别人才会满足你的精神需求。

怎样才能算是尊重别人呢？

1. 不要总是自命清高，容不下别人的批评和建议

对于别人的批评、意见，你要虚心接受，即使有不对的地方，你也不要当面反驳。不要什么事都认为自己正确，你应该学会站在别人的立场考虑问题，这样就会改变你固执的做法。

2. 对你周围的人要宽容

别人一不小心得罪了你，并再三向你道歉，你却仍然骂骂咧咧，得理不饶人，结果只会导致你们之间的关系越来越疏远，最终失去一个朋友或能做你朋友的人。

3. 不要在别人面前装出一副冷漠的神情

你冷漠地对待别人，别人会以为你瞧不起他。如果你周围的人诚恳地向你征求意见或诉说苦闷，你却显出一副心不在焉、不感兴趣的样子，即使你心里并没有不尊重对方的意思，可你的行为已经伤了对方的心。

4. 不要贬低别人的工作能力

当你周围的人在某一方面做出成就时，你应该给予适当的赞扬，而不是对其成就进行有意无意地贬低。即使你周围的人工作能力不强，你也不要贬低。否则，不但会使你们的交往不成功，还会激起更深的矛盾，甚至反目成仇。

最重要的一点就是要学会倾听。倾听，是有效的沟通过程中最强有力的招数,可是,事实上却很难找到喜欢倾听的人。如果你遇到真正能听你说话的人,而且能告诉你,你所说的真正意思,而不是他以为你说的是什么,那就是珍贵的经历了。善于听别人说话的人,应该能给对方反馈,说话的人会有心照不宣之感。说话的人知道,你的确在听他说话,他就能更倾心、更热忱、更愿意回报。

2

能管住自己的女孩才有好未来

在一次暴雨之后,有一堵围墙被雨冲倒了,一个穷人从倒了的墙里挖出了一坛金子,他一夜暴富。有了钱之后,这位穷人想让自己变得更聪明一些,于是,他就向一位老人诉苦,希望老人能指点迷津。

老人告诉他说:"你有钱,别人有智慧,你为什么不用你的钱去买别人的智慧呢?"

于是他就来到了城里,见到一个智者,就问道:"你能把你的智慧卖给我吗?"

智者答道:"我的智慧很贵,一句话100两银子。"

那个穷人说:"只要能买到智慧,多少钱我都愿意出!"

于是那个智者对他说道:"遇到困难不要急着处理,向前走三步,然后再向后退三步,往返三次,你就能得到智慧了。"

"智慧这么简单吗?"那人听了将信将疑,生怕智者骗他的钱。

智者从他的眼中看出了他的心思,于是对他说:"你先回去吧,如果觉得我的智慧不值这些钱,那你就不要来了,如果觉得值,就回来给我送钱!"

当夜回家，在昏暗中，他发现妻子居然和另外一个人睡在炕上，顿时怒从心生，拿起菜刀准备将那个人杀掉。突然，他想到白天买来的智慧，于是前进三步，后退三步，各三次，正走着呢，那个与妻同眠者惊醒过来，问道："儿啊，你在干什么呢？深更半夜的！"

穷人听出是自己的母亲，心里暗惊："若不是白天我买来的智慧，今天就错杀母亲了！"

于是，第二天，他早早地就去给那个智者送银子去了。

我们在遇到不如意的事情时，常常会不分青红皂白地大发雷霆，由此导致很多误会，严重时甚至引发悲剧。如果我们遇事能够保持冷静，等了解了事实真相后再做决定，那么很多悲剧就都可以避免了。

19世纪英国道德学家塞缪尔·斯迈尔斯曾说："财富掌握在意志薄弱、缺乏自制、缺乏理性的人手中，就可能会成为一种诱惑和一个陷阱。"对于那些手持万贯家财，却心灵空虚的人来说，即便能得到一切美好的物质享受，其精神上永远都是匮乏的，他随时随地都处于别人的有色目光之下。

人不应当只重视物质上的拥有，同样要不断充实精神财富，这样才是一个灵肉完美结合的人。没有自制力的人终将一无所成，因为一点的小刺激和小诱惑他都会抵制不了，进而深陷其中。控制自我情绪是种重要的能力，也是人区别于动物的重要标志。人是有理性的，而非依赖感情行事。托马斯·曼告诫人们："抵制感情的冲动，而不是屈从于它，人才有可能得到心灵上的安宁。"

懂得自制的人，在生活中会过得更加坦荡快乐，一个意志坚强的人是能够自觉控制和调节自己言行的。如果一辆汽车只有发动机而没有方向盘和刹车的调节，汽车就会失控，不能避开路上的各种障碍，就会有撞车的危险。一个想要有所成就的人如果缺乏自制力，就等于失去了方向盘和刹车，必然会"越轨"或"出格"，甚至"撞车""翻车"。

如果一个人有比较强的自制力，那么这个人一定能够战胜自我，远离祸害，做到快快乐乐。如果不幸遇到祸害，他也一定能够泰然处之，化祸为福。可见，自制对平安快乐的人生是极其重要的。

● **建议一：教女孩学会用理性控制情感**

一个商人因为业务发展的需要，决定招聘一个店员。

他在商店里的窗户上贴了一张独特的广告："招聘：一个能自我克制的女士。每星期4美元，合适者可以拿6美元。"

"自我克制"这个术语在城里引起了议论，这有点不平常。这引起了人们的思考，也引起了父母们的思考。这自然引来了众多求职者。

每个求职者都要经过一个特别的考试。

"能阅读吗？孩子。"

"能，先生。"

"你能读一读这一段吗？"他把一张报纸放在小姑娘的面前。

"可以，先生。"

"你能一刻不停顿地朗读吗？"

"可以，先生。"

"很好，跟我来。"商人把她带到他的私人办公室，然后把门关上。

他把这张报纸送到小姑娘手上，上面印着她答应不停顿地读完的那一段文字。阅读刚一开始，商人就放出6只可爱的小狗，小狗跑到小姑娘的脚边。这太过分了，小姑娘经受不住诱惑要看看美丽的小狗。由于视线离开了阅读材料，小姑娘忘记了自己的角色，读错了。当然，她失去了这次机会。

就这样，商人打发了70个小姑娘。终于，有个小姑娘不受诱惑一口气读完了，商人很高兴。他们之间有这样一段对话：

商人问："你在读书的时候，没有注意到你脚边的小狗吗？"

小姑娘回答道："对，先生。"

"我想你应该知道它们的存在，对吗？"

"对，先生。"

"那么，为什么你不看一看它们？"

"因为我告诉过你，我要不停顿地读完这一段。"

"你总是遵守你的诺言吗？"

"的确是，我总是努力地去做，先生。"

商人高兴地说道："你就是我要招聘的人。明早7点钟来，你每周的工资是6美元。我相信，你大有发展前途。"

后来，女孩的最终发展的确如商人所说，若干年后，女孩成了一个有着良好口碑的商人。

最难做到的是自制，因为它需要用自觉的行动来自我鞭笞、克制。但是，只有能够做到克制自己、懂得自制的人，才能在工作和生活中收获更多。没有自制力，我们就会变成像动物一样具有兽性的原始物种，动不动就会以武力相向，毫无秩序和道理可言，也就不会有人类的进步。

英国剧作家莎士比亚曾说过这样一段话："理智可以制定法律来约束感情，可是热情激动起来，就会把冷酷的法令抛弃不顾；年轻人是一只不受拘束的野兔，会跳过老年人所设立的理智的樊篱。"

确实如此，年轻人的热情是值得鼓励的，没有热情的工作或者生活是不可想象的。但如果一味地热情，没有节制，则会影响我们更好地去工作和学习。如果我们希望能超越同龄人，做出不错的成绩，那就要服从理智，服从自我控制。否则，随意放纵，没有克制，失去理智的话，一切都会显得荒诞。

理智是最高的才能，人类的情感让我们比其他动物更多了份团结和合作，但如果情感不受控制，肆意而为，那么你最后将什么也得不到，甚至弄得满盘皆输。懂得运用理智来控制情感，有恰当的自制力的人，才可以凭借理性判断形势，做出决断，收获应有的成就。

建议二：克制会使自己变强

有句名言说得好：在面临诱惑的旋涡时，自制力就是你的中流砥柱。在人生路上，我们会碰到各种各样的诱惑，面临各种各样的挑战，而唯有自制力可以让你顺利地通过这些屏障，走向光彩的殿堂。也许当自制力从你的心中崛起时，很多暂时的快乐会远离你，但请你相信，将来，你定会因此时的自制而事业有成。

对处于成长期的女孩来说，面对各种各样社会上的诱惑，很容易控制不了自己而犯错。而现实生活中，各种言情、暴力的书籍或者过于开放性的电视节目都会给女孩躁动的内心添油加醋，一不留神就容易冲动，酿成恶果。因此，能够自制是女孩们尤其要重视的。那么，要成为一个约束自己、自制力较强的人，应该怎么做呢？

（1）对自己多分析，找出自己在哪些活动中、何种环境中自制力差，然后拟出培养自制力的目标步骤，有针对性地培养自己的自制力。

（2）对自己的欲望进行剖析，扬善去恶，抑制自己的某些不正当的欲望。

（3）提高动机水平。心理学的研究表明，一个人的认识水平和动机水平，会影响一个人的自制力。一个成就动机强烈、人生目标远大的人，会自觉抵制各种诱惑，摆脱消极情绪的影响。无论他考虑任何问题，都着眼于事业的进取和长远的目标，从而获得一种控制自己的动力。

（4）从日常生活小事做起。人的自制力是在学习、生活、工作中的千百万小事中培养、锻炼起来的。许多事情虽然微不足道，但却影响到一个人自制力的形成。如早上按时起床、严格遵守各种制度、按时完成学习计划等，都可积小成大，锻炼自己的自制力。

（5）绝不让步迁就。培养自制力，要有毫不含糊的坚定和顽强。不论什么东西和事情，只要意识到它不对或不好，就要坚决克制，绝不让步和迁就。另外，对已经做出的决定，要坚定不移地付诸行动，绝不轻易改变和放弃。如果执行决定半途而废，就会严重地削弱自己的自制力。

（6）进行自我暗示和激励。自制力在很大程度上就表现在自我暗示和激励等意念控制上。意念控制的方法有：在你从事紧张的活动之前，反复默念一些建立信心、给人以力量的话，或随身携带座右铭，时时提醒、激励自己；在面临困境或诱惑时，利用口头命令，如"要沉着、冷静"，以组织自身的心理活动，获得精神力量。

（7）经常进行自省。如当学习没完成而忍不住想看电视时，马上警告自己；当遇到困难想退缩时，马上警告自己别懦弱。这样往往会唤起自尊，战胜怯懦，成功地控制自己。

女孩因为知足，所以淡定

一位成功人士说："财富不仅仅指金钱，我们既有心外的财富，也有心内的财富。"可是现在的人却整天忙于增加金钱上的财富，而忽略了内心财富的积累。丢掉了心中的那一份清净，也就丢掉了知足常乐的好心态。因此，父母在教育女儿的过程中，应该注重女孩对内心品质的培养，而不是把"物欲至上"挂在嘴上，要孩子学做一个安分的女孩。

生活中却有不少的女孩，她们在得到这件物品的时候又要追着父母去买另一个，这些孩子的欲望永远也得不到满足。之所以出现这样的情况，其实与父母平时错误的教育是分不开的。一些父母认为，现在生活条件这么好，不能苦了自己的孩子，别人家孩子有的，自己的孩子就应该拥有。然而这却是一种极其错误的观点，最终导致了孩子物欲的放纵。

有这样一个故事：

有一个小女孩，她每天晚上在睡觉之前都喜欢让妈妈搂着她，并且给她讲一个故事。有一天在妈妈的故事快要讲完的时候，女孩突然就用妈妈的口气为这个故事画上了句号："从此以后，王子和公主过上了幸福美满的生活。"

女孩随后又问妈妈什么是幸福，由于问题来得突然，妈妈一时间也不知道应该怎样回答，于是就说："幸福就是每天快快乐乐的，不愁吃也不愁穿。"可是，女孩又问妈妈："那你的那位同事阿姨不是很有钱吗？她为什么总是不开心，总是跟你抱怨呢？还有，我们隔壁的那个哥哥，他有一个幸福的家庭，所有人都对他好，可他为什么还总是哭哭啼啼的呢？"

听到这里，妈妈沉思了一会儿，于是镇定自若地回答女儿说："同事阿姨和隔壁的哥哥都不懂得知足，所以才发现不了生活的乐趣，也觉得自己很不幸。"听到妈妈的回答之后，女孩似乎很开心，她满足地对妈妈说："妈妈，我们真幸福！能够天天听你讲故事，真好！"

此外，对于孩子在物质上的要求，父母还可以故意不马上给予她满足。等待的时间也是锻炼孩子耐心的好机会。一段时间之后，孩子的欲望就会减少，同时她也会发现，自己之前急切需要的东西，现在看起来似乎并不那么重要。慢慢地，孩子在向父母要东西的时候就会事先考虑清楚，这件物品到底是不是自己所需要的。

总之，一个在物质上安分的女孩，她的精力都能够更多地投入在学习或者其他更有意义的事情上。而当女孩的精力过多地放在追求物质上时，她的内心就会躁动不安，这对于青少年的成长是极为不利的。

托尔斯泰曾说:"物欲越小,人生就越幸福。"然而现实中,很多父母都会对生活有着各种各样的抱怨,更糟糕的是,他们的抱怨还是当着孩子的面进行的。有的说生活这么艰难,有的说工作一点都不顺心,还有的父母成天都羡慕富贵人家。在这样的家庭环境中,女孩又如何能够做到物欲上的安分呢?所以说,父母首先应该学会如何知足,这样,自己的女儿也就不会"物欲至上"了。

不要让女孩把注意力全部集中在对物质的追求上。事实上,许多家长除了整日奔波于工作地点与自己的家之外,就再也没有其他可以去的地方了。工作是为了赚钱,为了养家糊口,这当然没有错。可是生活并不是只有赚钱和工作,还有其他的美好事物等待着我们去发现。因此,不仅是孩子,家长也应该做到多多发现生活中美好的事物。在闲暇的时间可以带着孩子一同外出玩耍,而不是把注意力全都放在对物质的需求上。

● 建议一:知足的人更快乐

病来如山倒,病去如抽丝。昨天贝贝已经请假一天,在家里休息,没有想到今天照样高烧不退。

早上醒来贝贝发现自己浑身无力,说话都有些张不开嘴,一想起自己要落下这么多功课,心里不禁有些着急。

"妈妈,我要什么时候才能去学校啊?"贝贝问妈妈。

"贝贝,你烧得太厉害了,需要恢复两三天的时间,这些都是人体的正常反应。难道这点小痛苦你承受不了吗?"妈妈温和地说。

"嗯,总之生病让人心情不爽。"贝贝只管自己嘟嘟囔囔。

"贝贝,人的一生难免会遇到一些疾病的困扰,我们只要坦然去面对就好了。面对痛苦我们要乐观,要知道痛苦和快乐是一对孪生兄弟。难道一个小小的发烧就能把你打倒吗?"

"可是很难受啊。"贝贝很委屈地对妈妈说。

"体力的恢复是需要时间的,只要你保持心情愉快,多吃点东西,很快就会康复的。最重要的是要保持一颗快乐的心。生活中只有懂得在痛苦中寻找快乐的人,才会过得有意义。这个时候就是锻炼你的时候,你要学会在这种病痛中找到快乐,才能更快地成长。"

"嗯,妈妈我知道了。有你的陪伴我很高兴,你温暖的胸怀可以让我倚靠。"听了妈妈的话,贝贝心里感到暖暖的,觉得自己其实是很幸福快乐的。

"这就对了,贝贝。"妈妈很高兴地对她说,"懂得让自己快乐,能够让自己在痛苦中找到快乐,这是人生寻找的真谛之一。"

其实幸福本没有绝对的定义,许多平常的小事往往能撼动你的心灵。能否体会幸福,只在于你的心怎么看待。想要拥有幸福的生活,就要怀有一颗感恩的心。

有的时候我们会觉得自己拥有的一切不值得感恩，因为我们并不知道自己到底拥有哪些东西。朋友不值得感恩，因为他们并没有为我们做什么让我们感恩戴德的事情。老师不值得感恩，因为我们是交了学费的。身体健康不值得感恩，因为我们还小，本来就不该有什么疾病纠缠。

懂得知足，懂得感恩，不仅感谢帮助我们的人，更要感谢曾经以及还在拥有的一切。

世界无限大，而我们能够拥有生命、健康的体魄，享受食物、阳光，拥有家人的爱，不是值得感激的吗？

● **建议二：知足的人才不会被欲望牵着走**

人类最容易在荣誉与财富两个方面和别人攀比，当一位朋友发现居里夫人的小女儿手里正在玩的是英国皇家科学院最近授予居里夫人的一枚金质奖章时，他不禁大吃一惊，忙问："居里夫人，能够得到一枚英国皇家科学院颁发的奖章是极高的荣誉，你怎么能让孩子随便拿着玩呢？"

居里夫人说："荣誉就是玩具，只能看看而已，绝不能永远守着它，否则就将一事无成。"

真正追求成功的人把眼前取得的成就看作是对过去的一个总结。

爱好虚荣的人在与周围各种各样的人的接触中，非常注意人们对自己的态度，喜欢想象他们对自己的评价，并以此作为一种客观标准而内化到自己的心理结构中去，在这个基础上形成自我形象，达到自我认识。也就是说，他们对自己的形象的建立和认识，常常在与他人的接触、想象他人对自己的判断和评价中形成。这种自我认识的方式，在一定程度上有利于深入认识自己，但是无形之中就给自己带来了巨大的压力，这是一种不良的习惯。

有对中年夫妇，妻子整天为缺少财富而忧郁不乐，他们需要很多很多的钱。有了钱才能买房子，买家具家电，才能吃好的穿好的……可是他们的钱太少了，少得只够维持最基本的日常开支。

她的丈夫却是个很乐观的人。丈夫不断寻找机会开导妻子。

有一天，他们去医院看望一个朋友。朋友说，他的病是累出来的，常常为了挣钱不吃饭不睡觉。回到家里，丈夫就问妻子："下次如给你钱，但同时让你跟他一样躺在医院里，你要不要？"妻子想了想，说："不要。"

过了几天，他们去郊外散步。他们经过的路边有一幢漂亮的别墅。从别墅里走出来一对白发苍苍的老者。丈夫又问妻子："假如现在就让你住上这样的别墅，同时变得跟他们一样老，你愿意不愿意？"妻子不假思索地回答："我才不愿意呢。"

他们所在的城市破获了一起重大团伙抢劫案。这个团伙的主犯抢劫现钞超过一百万，被法院判决。

罪犯押赴刑场的那一天，丈夫对妻子说："假如给你1000万，让你马上去死。你干不干？"

妻子生气了："你胡说什么呀？给我一座金山我也不干！"

丈夫笑了:"这就对了。你看,我们原来是这么富有:我们拥有生命,拥有青春和健康,这些财富已经超过了1000万,我们还有靠劳动创造财富的双手,你还愁什么呢?"妻子把丈夫的话细细地咀嚼品味了一番,也变得快乐起来。

不要去和别人攀比,别人拥有的你不一定拥有,但你有的别人也不一定拥有。

1. 抑制我们的物欲

物欲是什么?物欲是人生存环境中的一大障碍。中国古代思想家老子说:"祸莫大于不知足,咎莫大于欲得。"富人希望自己的钱更多,穷人希望自己口袋里也有钱。当人的物欲没有节制时,就会引出麻烦和祸害。一切脱离实际的欲望,都是生命的不幸。如果为了攀比,自己又没有能力实现,就会心态失衡,嫉妒怨恨,心里难受;如果心态失衡,胆子又大,敢闯"红灯",那就是祸。钻进深渊最终会导致咎由自取的下场。不过,许多懂得珍惜生命的人则不会让自己引出麻烦,而是引出快乐。

2. 保持一颗平常心

中国古代的"福为祸所伏,祸为福所倚"的福祸论,讲述了世间有一个自然法则:有得必有失,有失必有得。老子的"曲则全,枉则直,洼则盈,敝则新,少则得,多则惑",讲述了委曲可以求全,弯曲可以伸展,低洼可以充盈,敝旧可以生新,少取其实多得,贪多引出惑乱的哲理。因此,处于不利地位其实也有好的一面,我们完全没有必要自卑。保持一颗平常心,尽自己的力去做自己的事才是我们要关注的。

第六章

磨砺女孩的"逆商"，挫折有利于女孩的成长

1
女孩也要培养坚强品质

小女孩是父母的小公主,她们好像天生就胆小:她们怕黑,晚上睡觉时非要跟爸爸"抢"妈妈;她们说话细声细气,不敢争取自己的正当利益;她们娇气,受不得委屈,有一点点伤就哭个不停……正因为如此,胆小和懦弱好像总是喜欢这些小女孩,于是小女孩受到小男孩的欺负便成了常事。

另外,女孩的胆小还会因父母而起。一种情况是,家长对女孩过分的溺爱会促使她们胆小。"宝宝不要动,小心烫着你!""想吃梨?妈妈给你削,刀子会伤到手!"家长的过分保护会给女孩消极的暗示。在家长的溺爱下,女孩会变得娇纵、不可一世;再者,由于很多事情女孩都没有亲自体验过,她会对实践产生畏惧心理。这样的女孩在面对"侵略"时,常常只会躲避。还有一种情况是,当女孩哭时,很多父母经常这样吓女儿:"狼外婆来了,专吃爱哭的小孩子!"年幼的女孩很容易对家长的戏言信以为真,并且产生深深的恐惧。对生活带有恐惧心理的女孩,是很难有勇气面对别人的欺负的。在被欺负的时候,她的恐惧心理会卷土重来,给女孩幼小的心灵枷上一个巨大的阴影。

有这样一个故事：

4岁的小女孩桐桐非常胆小。有一次，妈妈带她去社区的小广场玩，旁边突然跑过来一个2岁多一点的小男孩，他直勾勾地盯着桐桐手里的小皮球，非常好奇的样子。桐桐看见了，不自觉地把球往身后藏，然后壮着胆喊："你不许抢我的小皮球！"小男孩好像看出桐桐的胆小，冲上来就抢，桐桐吓得号啕大哭。妈妈连忙说："小弟弟，你怎么可以抢东西呢？"又对桐桐说："小弟弟比你还小呢，你为什么怕他？来，和小弟弟握握手，大家做个好朋友。"

小男孩做个鬼脸，跑了。从那以后，他只要看到桐桐经过，就会跑过来打她一下，或者把桐桐手里的东西抢走。而桐桐看到那个小男孩，总会不由自主地躲得远远的。

又有一次，桐桐正在楼下的车库里玩，看到那个小男孩朝这个方向走来，便马上对爸爸说："爸爸，快把车库的门关上，那个小哥哥要打我。"

桐桐竟然将比她小的孩子升级为"哥哥"了。这也正是很多女孩家长感觉头痛的事，由于女儿的文静、胆小，常常在学校受那些"坏孩子"的欺负，自己又不好插手小孩子之间的事情，但又不知道怎样才能让胆小的女儿保护自己。对于这个问题，桐桐爸爸的解决方法是：

晚上，爸爸认真地问自己的宝贝女儿："那个小弟弟比你小，怎么会是小哥哥呢？你能告诉爸爸你为什么这样怕他吗？"

"因为他总抢我东西，还老打我。"桐桐有点委屈地说。

"如果你按爸爸说的去做，小弟弟就不敢欺负你了。下次小弟弟再抢你东西，你就大声地对他说'不许欺负我'，然后再把东西抢回来！"

第二天，桐桐跟爸爸出门，远远地看到小男孩走过来，爸爸就对桐桐使了个眼色，躲到一边。小男孩过来了，看到桐桐手里的玩具熊，就上来抢。桐桐鼓起勇气，大声说："你不许抢我的东西！"然后用力把玩具熊夺回来，小男孩由于没有站稳，而摔倒在地上。小男孩没想到桐桐变得这么"勇敢"，这次他居然坐在地上哭了起来！

并不是所有的女孩都天生胆小，这与孩子的性格有关，当然与父母从小对她的教育也有很大的关系。家长要想让女孩变得娇而不弱，就要告诉她：躲避不能解决任何问题，用正确的方法去面对那些"纸老虎"，你才能永远不受欺负。

女儿遇到困难向父母寻求帮助的时候，父母要做的，不是替女儿解决问题，而是让女儿明白父母是她坚实的后背，无论她做什么父母都会帮助她、引导她，首先树立女儿的安全感，进而鼓励女儿自己面对困难，解决问题，少依赖父母。

女儿自己面对困难，不等于父母就在一边喊口号，女儿毕竟是女儿，缺乏生活经验，父母是她可以依靠的最坚实的屏障，对于遇到的问题，父母可以提供一个开诚布公的讨论的平台，跟女儿一起讨论，或是提出建议，引导女儿认可并自己来实行。

● 建议一：培养女孩不为一颗豌豆而失眠

有一个家庭条件不错的女孩，上完高中就直接被父母用30万送进了美国的一所大学。她的英文不成问题，经济上也没有困难，但是不到3个月就坚持要回家念书。在这期间，她总是不断地给家里打电话，抱怨生活不习惯，很多事情要自己操心，美国的老师太严格，论文不好过，等等。在美国的这段时间，她几乎天天在网上和国内的同学们聊天，关在家里吃零食，连旅游都不愿意，因为要自己查找很多东西。就这样，她又回到了父母身边。

但这个女孩的妈妈认识到自己平时太少让女儿自己做事情了，以至于现在完全离不开父母。她提出让女孩到另一个城市去读书，一定要让她学会自立生活。

现在有很多的父母都喜欢把女孩子送到国外去。从20世纪初开始，就有很多家庭开始注重开阔女孩的眼界，鼓励女孩留学。

但是，也有越来越多的家长发现，女孩们去了国外，不是出现适应困难的问题，就是花钱太过铺张浪费。据说，美国为了照顾很多陪读的中国妈妈，专门为中国留学生安排可以和父母一起住的宿舍。

是我们的孩子适应上真的有问题吗？但为什么孩子们可以马

上适应新的网络环境和"火星文字",可以马上和千里之外的陌生人成为知音、无话不谈?看来不是孩子的适应能力差,而是现在很多女孩太娇气,不愿意吃苦。

有人说,富养女孩,难道还要女孩吃苦吗?富养不是惯养,要培养能上能下、大气稳重的女孩,就要让她首先能够吃苦。

被誉为"国际美容教母"的郑明明从小生活优越,她的父亲在印尼的华人圈子里很有名望,优裕的环境培养出郑明明优雅的气质,更培养了她勤于思索的习惯。很小的时候,郑明明就习惯于把自己打扮得漂漂亮亮,而且她对美的事物也很敏感。

按照当外交官的父亲的设想,女儿将来应该是个"高等知识分子"。可是郑明明坚持要为自己负责,于是瞒着父亲,到了日本著名的山野爱子学校,开始了美容美发的学习。

因为得不到父亲的支持,她只带了300美元只身到日本,这些钱在交完学费、住宿费后就所剩无几。到了冬天,她的同学都穿着各式各样的皮衣,而她只有一件破旧的黑大衣。她穿着这件唯一可以御寒的大衣从住处乘地铁去学校,到了校门还要赶紧把大衣脱下叠好,生怕穿坏了就没有钱买新的了。

从日本的学校毕业以后,郑明明来到了香港,租了间店铺,成立了蒙妮坦美发美容学院。"万事开头难,刚开始的时候,我每天早睡晚起,至少工作11个小时。那会儿我一人身兼数职,既是老板,也做工人;既迎宾,也要洗头。"郑明明回忆自己刚刚创业的时候,微微一笑,露出洁白的牙齿:"可是忙碌之余,我还有个雷打不动的习惯,就是到了晚上就把白天顾客留的姓名、特征、发型等资料建成档案,以后经常翻阅,也便于下次和顾客沟通。"

正当郑明明的贵夫人化妆品在印尼打开市场,准备在雅加达建立蒙妮坦的分支机构时,一场大火却将仓库连同化妆品毁于一旦,郑明明耗光了老本,并且欠了很多债。

痛定思痛,事后整整一年,郑明明在香港的店里,带领大家埋头苦干,白天做生意,晚上教学生,每天只限一个半小时处理私事,其余时间除了吃饭、睡觉,全部花在工作上。经过一年多的苦干,她不但还清了银行贷款,手上还有了积蓄,脸上的阳光终于驱散了那场大火的阴影。

"我父亲很爱玩不倒翁,他说,奋斗的过程,会不断碰到一大堆困难,只要像不倒翁一样不断站起,理想就会实现。"

苦难可以打磨出坚强的男子汉,也可以培养出有韧性的女孩。人生之路不可能一帆风顺,没有哪个女孩可以在父母的城堡中生活一辈子。但是眼下,很多女孩子由于缺乏锻炼的机会,很难学会忍受挫折和失败带来的负面情感,会因为一件很小的不如意的事情而发脾气,或者总是用眼泪来逃避问题。这样的女孩,不是我们要"富养"的。

女孩在成长时期太顺利了未必是好事,不能吃苦接受磨炼的孩子长大后很容易丧失斗志。只有放开保护的羽翼，让孩子多尝些"苦头"，她才能变得更坚强。

● 建议二：家长不要越俎代庖

女孩子与生俱来的乖巧甜美对于父母来说是无法抗拒的魅力，而在计划生育的大背景下，父母对于独生女儿的宠爱往往会让他们偏离了养育女孩的正确路线，甚至有父母觉得女孩就应该娇生惯养，最好肩不能挑，手不能扛，事事能听父母的规劝引导——这是非常危险的，当今社会，女孩不可能一辈子生活在父母的庇护下，总是要离开家出外求学、生活的，因此，从小训练女孩子的独立生活意识和独立生活能力是非常必要的。

那么，如何才能很好地培养女孩独立自主的精神和能力呢？一个方便有效的方法就是有意识、有控制地在女孩日常学习生活中"放权"，让女孩尽量独立处理自己能力之内的事情，家长只是适时充当引导者和辅助者的角色，而不能让女孩子产生依赖心理，比如在女孩制订学习计划时提出建议，在女孩遇到学习困难时鼓励她自己寻找解决办法等。

从小培养女孩独立自主的能力，一方面可以让父母省心，另一方面，会为女孩将来的学习、生活和工作打下坚实的基础，所以，当今的城市家庭，尤其是独生女儿的爸爸妈妈们，一定要懂得在女孩的教育中"以逸待劳"，不要事事亲力亲为，适当让你的女儿发挥自己的能力，聪明的女孩子往往会带给我们别样的惊喜。

小雪的妈妈是家庭主妇,从小到大,小雪的一切事务基本都由妈妈包揽了。爱女心切的妈妈给小雪制定了严格的时间表,每一分钟做什么都安排得井井有条,从早晨起床先穿哪一件衣服到晚上睡前,从学习日的作息到周末舞蹈课后的娱乐活动,小雪都是听着妈妈的指挥按部就班地进行着,妈妈对听话的小雪也是疼爱有加。

小学五年级时,小雪的姥姥突然得了重病,平时乐观开朗的妈妈一下子变得十分悲哀消沉,妈妈为了能好好照顾姥姥,不仅搬到了姥姥家住,因为姥姥行动不便不能去医院,妈妈还得天天为姥姥治疗的事情奔走于医院与姥姥家之间,这样一来,妈妈就完全没有时间来管小雪了。临走时,因为小雪的爸爸在外出差,妈妈就将小雪托给邻居赵阿姨照顾。没有了妈妈在身边,小雪一下子失去了生活的指挥者,不知道该如何安排自己的生活。赵阿姨自己的女儿已经离开家去外地上大学了,看到小雪不知所措的样子,平时对小雪妈妈教育方式比较了解的赵阿姨开始试着慢慢减少小雪的依赖性。

首先就是让小雪回想之前妈妈列出的时间表,结合自己的实际情况,计划出现阶段自己可以决定的部分,比如每天穿什么样的衣服,家庭作业有困难不是问妈妈而是第二天去学校问老师,等等,然后照着"小雪表"执行。小雪是个很听话的孩子,就严格地照做了。渐渐地,赵阿姨发现,小雪自己安排的学习、生活不仅没有变得乱七八糟,反而因为是自己安排的缘故而更井井有条了。

在逐步学会自己照顾自己的同时，小雪也感受到妈妈平时照顾自己的生活有多么不容易，她开始想到，现在妈妈要照顾生病的姥姥一定更累吧？我能不能帮帮妈妈呢？在赵阿姨的帮助下，小雪学会了做一些简单的饭菜，一个周末，小雪提着自己做的饭菜来到了姥姥家，并对着惊讶不已的妈妈说："妈妈，我终于长大啦。"

放一点权给女孩子，让她自己安排力所能及的生活，比如穿着、做作业的时间、玩耍的伙伴，等等，可以与女儿一起制订她的学习、生活计划，但制订过程的主角一定得是女儿，父母只是提出建议或担任女儿征求意见的对象。这样慢慢地，父母会轻松一点，女孩也会成长得更好。

孩子毕竟是孩子，缺乏判断是非好坏的能力，需要父母时时关注和引导，"放权"不等于"放任"，而是在一旁观察、引导女儿自理能力的成长，遇到女儿犯了错误，一定要及时指出或是暗示女儿自己改正。

"输得起"的女孩是教出来的

灾难是一个人的真正试金石,只有在坎坷的路上行走,才能磨炼一个人的心智;只有经历过磨难的人,才能成为人生道路上的强者,把别人远远甩在后面。任何挫折都只是人生中的一道小坎儿,努力地迈过去,也许会是另一种命运的起点。

自从人被上帝赶出了伊甸园,人的日子就不好过了。在人的一生当中,总会遇到下岗、失业、失恋、离婚、破产、疾病等厄运,即使你比较幸运,没有遭遇以上那些厄运,你也可能要面临升学压力、工作压力、家人生活压力等各种烦心事,这些事在人生的某一时期萦绕在你的周围,时时刻刻折磨着你的心灵,使你寝食难安。

法国作家杜伽尔曾写过这样一句话:"不要妥协,要以勇敢的行动,克服生命中的各种障碍。"其实,我们远不必这么悲观,生活中是有各种各样的折磨人的事,但是生命不一直在延续吗?人类不也一直在前进吗?很多事情当我们回过头来再去看的时候就会发现,生命历经折磨以后,反而更加欣欣向荣。

事实就是这样,没有经过风雨折磨的禾苗永远不能结出饱满的果实；没有经过折磨的雄鹰永远不能高飞；没有经过折磨的士兵永远不会当上元帅；没有被老板、上司折磨过的员工也永远不能提高业务能力……这就是自然界告诉我们的一个很简单的道理：一切事物如果想要变得更强，必须经过折磨。

  人也一样，只有历经折磨的人，才能够更快更好地成长。生命，永远只能在折磨中得到升华。一位心理学家说得好："一个周边高矮不等的木桶，它的盛水量不取决于最长的那块板，而取决于最短的那一块。"困难和挫折，对于处在人生初期的孩子们而言，是在所难免的，但同时它也是一所最好的学校。因为，具有坚强毅力的良好品格、受到挫折后的恢复能力和百折不挠、不向挫折屈服的好习惯，是一个成功者不可缺少的素质。培养坚毅的性格和承受挫折的能力，对我们以后的成长尤为重要。中国民间亦有告诫孩子们要学会吃苦的俗谚："小时不晒背，老时必受罪。"少时吃苦，经历一些坎坷，除了强身健体之外，更强健心智，等到我们长大时，遇到挫折不至于脆弱。

  告诉女孩，在生活中受到一点挫折就停步或绕行或后退，人生旅途必然一无所成。因此，多吃一点苦，多受一点挫折，既是对自己意志的磨炼，又给了自己面对现实生活的一次体验机会。

● 建议一：女孩没必要一定都是"铁娘子"

  如今的孩子大都是独生子女，父母对孩子都特别宠爱，看不得自己的孩子受一点欺负，这也是不少家长对孩子进行"示强"

而非"示弱"教育的根本原因。但道理很明显,"退一步海阔天空",如果人与人之间发生矛盾,双方都互不相让,最终的结果只能是"玉石俱焚"。想避开这种潜在危害,就要让孩子懂得示弱。

撒切尔夫人做事果敢、雷厉风行,被世人尊称为"铁娘子"。作为女孩,要从撒切尔夫人的身上学会果断坚定的品质,但还要注意保持内心柔软的地方,不要事事逞强。令人敬仰的"铁娘子"仅有一位,更多的人还是趋于平凡。很多家长都在告诉自己的孩子:遇到困难的时候要坚强,要不畏艰险不惧挫折,但却忘了告诉孩子:当遇到一些感到无能为力的事情的时候,也需要及时讲出来,请求别人的帮助,这并不是软弱,也并不丢人。

教孩子学会示弱,也可以从多方面着手,如多培养孩子的社交意识,让孩子学会合作、分享,引导孩子多从别人的角度来想问题,还可以多教孩子一些起码的社交礼仪。比如和别人见面的时候要主动地打招呼,当别人遇到困难的时候要主动表示关心和问候,在接受别人的帮助和服务的时候要真诚道谢,当犯了错误的时候要主动承认错误,尊重身边的每一个人等。儿童教育家蒙台梭利说过,孩子只有掌握了社会交往的礼仪,才能有信心去发展他的社会性。想让孩子更好地在社会中伸展自如,就要授予孩子适时妥协退让的能力。只有这样,孩子才能在集体生活中做到既不受欺负排斥,也不欺负排斥别人,才能形成健全的人格并成为未来社会真正的强者。

在一条南北走向的峡谷上,西坡长满了松、柏、女贞等树,而东坡只有雪松。造成这种景象的原因其实很简单,东坡的雪总是比西坡的雪下得大,当雪积到一定程度的时候,雪松那富有弹性的树枝就会向下弯曲,直到雪从枝上滑落。这样反复地积,反复地落,雪松完好无损。其他的树因无此本领,便无法在东坡存活。

我们从小所接受的教育是"永不低头""永不言败",否则你就是懦夫。其实,"学会低头"是一种人生智慧。面对外界的压力,雪松尽力地去承受,当承受不了的时候,暂时弯曲一下。能屈能伸,刚柔相济,正是这种气度和风范,使松树经受了一场场暴风雪的洗礼。

被称为"美国之父"的富兰克林,年轻时曾去拜访一位前辈,那时他年轻气盛,抬头挺胸迈着大步,一进门,头就狠狠地撞在了门框上。出来迎接他的前辈看到他的狼狈样,笑笑说:"这是你今天拜访我最大的收获。要想平安无事地活在这世上,你就必须时时记得低头。"从此,富兰克林把"记得低头"作为毕生为人处世的座右铭,最终功成名就。而唐朝的柳宗元严正刚直,抨击官场丑恶锋芒四射,结果遭到种种打击,在事业上遭到严重挫折,还被逐出京城长安,流放到南方边境。到了晚年,他才有所感悟。因此他说:"吾子之方其中也,其乏者,独外之圆者。固若轮焉,非特于可进,亦可退也。"意识到自己行事不够圆滑,总是一味地高调,不懂得避让,因此不但没有惩奸除恶,还使自己的事业受到了极大的影响。

一个人固然不能没有自己做人的准则,但一味"方正",不会"圆通",该"低头"的时候不能"委曲求全",就不能进退自如,而会陷入被动。只有强度而没有弹性和韧性的钢材称不上好钢;负重前进的车轮,必须是圆形,还得加上润滑剂。我们在为人处世上倘若过于"有棱有角",直来直去,凡事没有变通的余地,一味地刚强,一味地强撑,只会给自己带来不必要的伤害甚至牺牲。

低头不是妥协,而是战胜困难的一种理智的忍让;低头不是倒下,而是为了更好更坚定地站立。该低头时就低头,调整一下目标,改变一下思路,就能巧妙地穿过人生荆棘,发现柳暗花明又一村的无限风光。

家长要让女孩知道,能屈能伸并不是忍辱负重,适当的低头并不代表屈辱。女孩子的自尊心很强,千万不要让她们觉得变相的"屈服"是一种耻辱。低头是为了更好地达成目标。家长要培养女孩正确理解成功的含义,"曲线救国"是为了让付出和回报更合理地分配。

如果父母都是强势的人,那么女孩很容易性格倔强。如果父母都是善于有所退让以达到更好效果的人,女孩也会从父母身上深刻理解到这种品质。比如在谈到各自工作的时候,应该避免表现出强硬的立场,而是应该多谈论一些认识并分析、解决问题的方法,这样,女孩们耳濡目染,能更直观地认识到适度低头的益处。

建议二：女孩笑着流泪也很美

姗姗的雷人签名：要么好好活着，要么赶紧去死。

"既然选择了生，那我们就不要抱怨了，无论处在什么境地，都要乐观地活下去。如果不是这样，整天怨天尤人的，那生命有什么意义呢？什么样的好生活不是自己创造的呢？"

听了姗姗的一番言论，媛媛不禁向她挑起了大拇指："好样的姗姗。"

媛媛说："很多时候就是这样，越是成就大的人，越是遭遇过比常人多的苦难呢。我想起来一个那天在杂志上看过的故事。"

18世纪，在法国里昂的一次宴会上，人们就一幅油画是表现古希腊神话还是历史发生了争论。主人眼看争论越来越激烈，就转身找他的一个仆人来解释这幅画。使客人们大为惊讶的是，这个仆人的说明是那样清晰明了，那样深具说服力。争论马上就平息了下来。

"先生，您是从什么学校毕业的？"一位客人很尊敬地问道。

"我在很多学校学习过，先生。"年轻人回答，"但是，我学的时间最长、收益最大的学校是苦难。"

这个年轻人为苦难的课程付出的学费是很有益的。尽管他当时只是一个贫穷低微的仆人，但不久以后他就以其超群的智慧使整个欧洲为之震惊。

他就是那个时代法国最伟大的天才——法国哲学家和作家卢梭。

姗姗听了之后不甘示弱:"那天我还读到了一首诗,也是描写苦难的。让我来深情朗诵一遍吧。"

既然是"深情朗诵",也只好悦耳"冻"听了。

在弱者的眼里,苦难是魔鬼;

在强者的眼里,苦难则是天使。

苦难让我们变得坚强,

苦难让我们始终保持着清醒的头脑,

苦难让我们知道一切都是如此来之不易……

感谢苦难,感谢那曾经带给我们无限苦痛的"命运女神"。

在自然界里,有一种蝉要在地下生活整整17年,这些蝉被称为"17年蝉"。17年一到,在极其有限的时间内,幼虫一齐涌出地面,一平方米的土地上同时有几百只幼虫进行着蜕变的过程。然后,爬到树枝上的蝉们,尽情地歌唱着生命的美好。蝉在地下生活长达17年,而在地上只能存活短短的两个星期。

短短的两个星期,就是蝉的一生。而人生也不过是百年,拿这百年与地球四十六亿年的历史相比,人与蝉都处于同样的境地,都不过是转瞬间的、不可预测的生命而已。

也许,正因为如此,生命之火燃烧着的每时每刻才显得十分珍贵。只有开朗而愉快地、乐观而勇敢地生活,才能体现出生命真正的价值。

人生在世,贫穷、疾病、残疾、人际关系恶化、破产等种种困难，不胜枚举。一个人在痛苦中挣扎时，往往缺乏冷静，所以，很容易忽视周围的一切，认为全世界就自己是个倒霉鬼，就自己一个人处于困境之中。

　　太阳很亮的时候，生命就在阳光下奔跑。当太阳熄灭，还会有那一轮高挂的明月；当月亮熄灭了，还有满天闪烁的星星，如果星星也熄灭了，那就为自己点一盏心灯吧。无论何时，只要心灯不灭，就有成功的希望。

　　美国一种家喻户晓的美食叫"琼斯乳猪香肠"，在它的发明背后有一个催人泪下的与命运做斗争的故事。该食品的发明人琼斯原来在威斯康星州农场工作，他身体强壮，工作认真勤勉。可天有不测风云，在一次意外事故中，琼斯瘫痪了。

　　但是，琼斯始终没有放弃与命运做斗争。他决定让自己活得乐观、开朗些，做一个有用的人，他不想成为家人的负担。他把自己的想法告诉家人："我的双手虽然不能工作了，但我要开始用大脑工作，由你们代替我的双手。我们的农场全部改种玉米，用收获的玉米来养猪，然后趁着乳猪肉质鲜嫩时灌成香肠出售，一定会很畅销！"

　　苍天不负有心人，事情果然不出琼斯所料，等家人按他的计划做好一切后，"琼斯乳猪香肠"一炮走红，成为人人知晓、大受欢迎的美食。

天无绝人之路，生活中总有难题，同时也会给我们解决问题的能力。琼斯能够成功，是因为他坚信人生没有过不去的坎儿，坚信冬天之后有春天。他在困难面前没有低头，没有被挫折吓倒，而是另辟蹊径，终于迎来了属于自己的成功。

生活中不可能总是阳光明媚的艳阳天，狂风暴雨随时都有可能来临。每一个人都要以一种勇敢的人生姿态去迎接命运的挑战，跌倒了再爬起来，坚持下去，就一定能成功。

一个人最大的危险是迷失自己，特别是在苦难接踵而至的时候……命运的天空被涂上一层阴霾的乌云，但坚强者始终高昂着那颗不愿低下的头。因为他心中有盏灯，点亮了所有的黑暗，那盏灯就是坚强者永远都不会放弃的希望。

无论一个人多么不幸，无论生活有多么难，只要心中有希望，就一定能走出阴霾。

让女孩大声说出"我可以"

他,被人称为"中国第一位觉醒的父亲";

他,被人称为"当代的陶行知";

他,曾经影响了上亿含辛茹苦的父母们。

这位伟大的父亲名叫周弘,他也曾是一位普通的父亲,而如今他和他的"赏识教育"早就已经名满天下了。他和他的女儿周婷婷一同与命运抗争,使天生耳聋的女儿获得了常人难以想象的成功。

周婷婷天生耳聋,到了3岁的时候还不能讲话。但是,在周弘细心的教育与鼓励下,原本已经列为残疾人的婷婷在6岁的时候已经认识2000多个汉字,8岁的时候就能够背出圆周率小数点后1000位的数字并打破吉尼斯世界纪录。

不仅如此,周婷婷在上小学的时候连跳两级,10岁那年被评为了"全国十佳少年",17岁时被评为全国自强模范,20岁赴美留学,如今已经获得硕士学位。

周婷婷和同龄人相比,能够拥有的东西并不多,但是她所取得的成就,非常人能及。

原本全聋的女儿能够取得今天的成就，她的幕后高参——爸爸周弘有什么秘诀吗？

面对自己的孩子，周弘曾说过这样一句话："哪怕是天下所有的人都看不起我的孩子，我都会含着热泪欣赏她、拥抱她、亲吻她、赞美她，我会永远为她自豪。"

如今，周弘的"赏识教育"已经被越来越多的人所熟知，而"赏识"作为一种教育手段也被越来越多的人所认同。

很多爸爸在教育孩子方面并没有周弘这般的耐心，而总是有一种"恨铁不成钢"的心情。他们希望自己的孩子能考满分，于是就批评自己的孩子总也考不了满分；希望孩子进步快，就批评孩子进步慢；希望孩子能再机灵点，就批评孩子反应太慢……爸爸们似乎总有一套自己的"教育经济学"，并自以为是：孩子固有的优点，不表扬还会有，但是孩子的缺点，不批评就改不了。正因为如此，才应多批评，少表扬，不能让孩子对自己的现状满足。这样的教育是周弘最为反对的。

周弘则认为：如果一个孩子在成长的过程中得到的是太多的责备、抱怨和训斥，那么教育则会陷入一个怪圈，父母会发现孩子的优点越来越少，而缺点则越来越多。对于孩子的批评过多，会使他们以失败的心态走向社会。

婷婷小的时候学习数学很吃力，但是爸爸却从来没有责备过她。有一次，周弘给女儿出了10个题目，但是小婷婷只做对了其中的 1 道题，当时，周弘感到眩晕，他心里十分清楚女儿的数学水平差到什么程度，不过，他依然做出很吃惊的表情，对婷婷说："呀，这么困难的题目，你都能做对 1 道，真了不起。"爸爸这样的评价使婷婷喜欢上了学习数学，并且日后的成绩越来越好。

也许，有很多女孩都羡慕婷婷有这样一个好爸爸，那么所有为人父者也来做这样一个懂得赞扬女儿的好爸爸吧。

帮助女孩唤醒自信非常重要。在一个班上，如果老师只关注考前几名的学生，只关注那些拔尖的学生，那些考得不好的孩子总是灰溜溜的，老师这种无言的否定会使她们被扣上"不认真""成绩不好"的帽子，这样的心理暗示一旦形成，自信心就会受到严重伤害。作为爸爸，我们千万不要再批评自己的女儿了，多鼓励她，相信她一定能够取得好成绩，帮助她恢复自信。

女孩和家长在人格上是对等的，所以，家长必须学会尊重女孩的人格。陶行知先生率先把"小孩子"称作"小朋友"，就是对儿童极大的尊重。在日常生活中，很多细节都可以体现出爸爸对女孩的尊重，比如说蹲下来平视女孩、倾听女孩说话，这样的动作会让女孩感受到被尊重。

● **建议一：强化女孩的自我价值感**

女孩们天生就是感性的动物，她们的情绪和行为总是极易受到外界环境的影响，前一分钟还因为某一个人的褒奖兴高采烈，后一分钟可能就会因为另一个人不经意的一句嘲讽而丧失信心妄自菲薄。作为女孩的父母，一定要时刻注意，引导女孩正确认识自我，强化女孩的自我价值。

有一个年轻人，他历尽艰险在非洲热带雨林中找到了一种高10多米的树木。

这可不是一般的树木，整个非洲也就只有一两棵。如果砍下这种树，一年后让外皮朽烂，留下的部分，就会有一种浓郁无比的香气散发开来；如果放在水中，它不会像别的木头那样浮起来，反而会沉入水底。

这种树被称作"沉香"，是世界上最珍贵的树木。

年轻人将沉香运到市场上去卖。由于很贵重，很少有人敢来买，也很少有人买得起，因此，他的生意非常冷清，经常是很多天连一个来问价的都没有。但他旁边一个卖木炭的，生意却非常好，每天都有进账。

年轻人终于沉不住气了，他把沉香运回家，烧成木炭后再运到市场上，以普通木炭的价格出售。这一回，他的生意好极了，几天时间就卖光了。

年轻人认为自己颇有创意，顺应了市场需求，于是，他很自豪地把这件事告诉了他的父亲。

他父亲是一位白手起家的商人。当听完儿子的讲述后，父亲禁不住泪流满面，因为儿子做了一件大蠢事。沉香非常有价值，只要切下一小块磨成粉末出售，其收入相当于卖一年木炭，而将沉香烧成木炭，就和普通木炭一样不值钱了。

　　有些人都过分关心外界的环境因素，处处表现得小心翼翼，以至于轻易地否定了自己。试想，如果一个人连自己都不认可自己，又如何让别人认同你的价值呢？

　　一位哲人曾经说过："每个人都有自己独一无二的价值。我们的价值不是取决于别人对我们的态度，也不会因为我们遭受挫败而贬值，无论别人怎么侮辱你、诋毁你、践踏你，你的价值依然存在。"

　　在一次演讲会上，一位著名的演说家手里高举着一张10美元的钞票，讲了一句开场白。面对大厅内的听众，他问："谁要这10美元？"

　　一只只手举了起来。

　　"我打算把这10美元送给你们中的一位，但在这之前，请准许我做一件事。"他说着将钞票揉成一团，然后问："谁还要？"

　　仍有人举起手来。

　　"那么，假如我这样做又会怎么样呢？"他接着把钞票扔到地上，又踏上一只脚，并且用脚碾它。当钞票已变得又脏又皱的时候，他才捡起来。

　　"现在谁还要？"

　　还是有人举起手来。

"朋友们，你们已经上了一堂很有意义的课。无论我如何对待那张钞票，你们还是想要它，它并没贬值，它依旧值10美元。在人生路上，我们会无数次被自己的决定或碰到的逆境击倒、欺凌甚至被碾得粉身碎骨。我们会觉得自己似乎一文不值。但无论发生什么，或将要发生什么，在上帝的眼中，我们是永远不会丧失价值的。无论肮脏或洁净，衣着齐整或不齐整，每一个人依然是无价之宝。"

家长们要让自己的孩子学会正视自己的价值，不要因为别人对自己的评价和态度而改变对自己的看法。告诉孩子，无论别人怎么说，你的价值都不会因之而改变，只要能够将个人价值与社会价值统一起来，做一些对他人有用的事，就能充分施展自己的才华，实现自己的价值。

《世界上最伟大的推销员》一书的作者奥格·曼狄诺认为，在这个世界上，每个人都有自己独一无二的价值，每个人的出生都是一个伟大的奇迹，他的这种观点对我们在内心建立自尊自信很有帮助。他在书中这样写道：

我是自然界最伟大的奇迹。

自从上帝创造了天地万物以来，没有一个人和我一样，我的头脑、心灵、眼睛、耳朵、双手、头发、嘴唇都是与众不同的。言谈举止和我完全一样的人以前没有，现在没有，以后也不会有。

虽然四海之内皆兄弟，然而人人各异。我是独一无二的造化。

我是自然界最伟大的奇迹。

我不可能像动物一样容易满足，我心中燃烧着代代相传的火焰，它激励我超越自己，我要使这团火燃得更旺，向世界宣布我的出类拔萃。

没有人能模仿我的笔迹，我的商标，我的成果，我的推销能力。从今往后，我要使自己的个性得到充分发展，因为这是我得以成功的一大资本。

我是自然界最伟大的奇迹。

我不再徒劳地模仿别人，而要展示自己的个性。我不但要宣扬它，还要推销它。我要学会求同存异，强调自己与众不同之处，回避人所共有的通性，并且要把这种原则运用到商品上。推销员和货物，两者皆独树一帜，我为此而自豪。

我是独一无二的奇迹。

物以稀为贵。我特立独行，因而身价倍增。我是千万年进化的终端产物，头脑和身体都超过以往的帝王与智者。

但是，我的技艺、我的头脑、我的心灵、我的身体，若不善加利用，都将随着时间的流逝而迟钝、腐朽，甚至死亡。我的潜力无穷无尽，脑力、体能稍加开发，就能超过以往的任何成就。从今天开始，我就要开发潜力。

家长要让女孩明白，做人要坚持自己的个性，保持主见，不要刻意去模仿别人，人的一生有很多事情需要去做，但最重要的任务还是做自己。

当一个女孩没有自信时，就会看不到自己的长处和优势，有时候甚至会把自己贬低，全部否定自己，丧失了自我价值。家长们可以借助一些小事，让女孩体会到成功的愉悦，如让女孩帮助自己做一些力所能及的家务活、在学校对需要帮助的同学和老师伸出自己的双手，努力学好自己擅长的科目等。鼓励女孩坚持下去，以此来树立女孩的自信心。

再有，引导女孩接受自己——不仅接受自己的优点，也接受自己的缺点，并帮助女孩养成积极向上的生活心态。当女孩表现出"人家都……所以我也要……（和众人保持一致的行为或装扮）"的态度时，家长要让女孩知道，他人的选择不一定是适合自己的，拥有自己个性、懂得坚持自我、不盲目跟风的女孩才是最迷人的。

● **建议二：太在意别人的眼光，将暗淡自己的光彩**

在这世上，没有任何一个人可以赢得所有人的好感。太在意别人的眼光，会逐渐暗淡自己的光彩。

西莉亚自幼学习艺术体操，身段匀称灵活。可是很不幸，一次意外事故导致她下肢严重受伤，一条腿留下后遗症——走路有点瘸。为此，她十分沮丧，甚至不敢上街，因为害怕看见别人注视残腿的目光。于是，西莉亚搬到约克郡乡下。

一天，小镇上的雷诺兹老师领着一个女孩来向她学跳苏格兰舞。在他们诚恳的请求下，西莉亚勉为其难地答应了他们。为了不让他们察觉自己残疾的腿，西莉亚特意提早坐在一把藤椅上。可那个女孩偏偏天生笨拙，连起码的乐感和节奏感都没有。

当那个女孩再一次跳错时，西莉亚不由自主地站起来给对方示范动作要领——一个带旋转的交叉滑步动作。西莉亚一转身，便敏感地看见那个学生的目光正盯着自己的腿，一副惊讶的神情。她忽然意识到，自己一直刻意掩盖的残疾在刚才已暴露无遗。这时，一种自卑让她无端地恼怒起来。西莉亚的行为伤害了女孩的自尊心，她难过地跑开了。

事后，西莉亚满心歉疚。过了两天，西莉亚亲自来到学校，和雷诺兹老师一起等候那个女孩。西莉亚说："如果把你训练成一名专业舞者恐怕不容易，但我保证，你一定会成为一个不错的领舞者。"

这一次，他们就在学校操场上跳，有不少学生好奇地围观。那个女孩笨手笨脚的舞姿不时招来同学的嘲笑，她满脸通红，不断犯错，每跳一步，都如芒刺在背。西莉亚看在眼里，深深理解那种无奈的自卑感。她走过去，轻声对那个女孩说："假如一个舞者只盯着自己的脚，就无法享受跳舞的快乐，而且别人也会跟着注意你的脚，发现你的错误。现在你仰起脸，面带微笑地跳完这支舞曲，别管步伐是不是错了。"

说完，西莉亚和那个女孩面对面站好，朝雷诺兹老师示意了一下。悠扬的手风琴音乐响起，她们踏着拍子，愉快起舞。其实那个女孩的步伐还有些错误，而且动作不是很和谐，但意外的效果出现了——那些旁观的学生被她们脸上的微笑所感染，不再去关注舞蹈细节上的错误。渐渐地，越来越多的学生情不自禁地加入舞蹈中。大家尽情地跳啊跳啊，直到太阳下山。

生活在别人的眼光里，就会找不到自己的路。

其实，同一个事物，每个人的眼光都有不同。面对不同的几何图形，有人看出了圆的光滑无棱，有人看出了三角形突出的棱角，有人看出了半圆的方圆兼济，有人看出了不对称图形独到的美……

同是一个甜麦圈，悲观者看见一个空洞，而乐观者却品味到它的甜美。

同是描绘赤壁之战，苏轼高歌"雄姿英发，羽扇纶巾，谈笑间樯橹灰飞烟灭"，杜牧却低吟"东风不与周郎便，铜雀春深锁二乔"。

同是"谁解其中味"的《红楼梦》，有人听到了封建制度的丧钟，有人看见了宝黛的深情，有人悟到了曹雪芹的良苦用心，也有人只津津乐道于故事本身……

苏轼曾说："横看成岭侧成峰，远近高低各不同。"人生是一个多棱镜，总是以它变幻莫测的每一面映照着生活中的每一个人。不必介意别人的流言蜚语，不必担心自我思维的偏差，坚信自己的眼睛，坚信自己的判断，执着自我的感悟，用敏锐的视线去审视这个世界，用心去聆听、抚摸这个多彩的人生，给自己一个富有个性的回答。

第七章

好相貌不如好气质，打造女孩的优雅气质

1
妈妈要做女儿气质培养的第一人

说情感丰富是女孩独有的财富,这是有根据的。男人与女人还在妈妈的腹中发育时就已经开始有了明显的区别,这一点,美国著名的神经心理学家卢恩·布里曾丹在他的著作《女人的大脑》中就提到过。

卢恩指出,在母体怀孕的第八周开始,腹中的胎儿就会接收到性激素的影响。当性激素进入胎儿的大脑之后,雄性激素会降低与大脑交流中心的联系,而雌性激素则会增强这一点,强化情感、语言等表达能力。因此,一般情况下,女性比男性更具有表达的天赋,她们可以顺畅地将内心的情感表达出来,这也是情感丰富的另一种含义。

情感丰富有许多优点,女孩子具有了这些优点之后就有着男孩子所无法企及的自身财富。情感丰富的女孩一般心思比较细腻,在学习上一丝不苟,做其他方面也能够趋近于完美。她们对自己要求往往非常高,不求最好,只求更好。

情感丰富的女孩还有着敏感的内心,她们对外界的感知力非常强,甚至从他人一个微笑的表情中就能够感受到这个人的情绪。

正是因为这样，所以女孩子比男孩更能够体谅与倾听他人的诉说。情感丰富的女孩都有着一颗善良且乐于帮助别人的热心肠，因为她们能够感受到他人的痛苦和不快乐。

据了解，现代企业的老板都偏向于雇佣情感丰富的员工。因为这样的员工能够更好地跟团队协作，有了矛盾的时候也更加愿意接受他人的意见，而不是固执地听从个人的想法。当这样的员工受到老板或者同事的赞扬时，他们心中激动的情绪能够促使自身更加努力地去工作。假如同事在工作的过程中遭遇了什么麻烦事，他们也会给予同事最大的帮助，而不是袖手旁观。

因此，在家庭教育中，父母需要培养自己的女儿做一个情感丰富的人。这样孩子在家里能够体谅父母的辛苦，在学校能够自觉地遵守纪律，努力学习。当同学有困难需要帮助的时候，情感丰富的女孩会第一个向他伸出援助之手。

正是因为心思细腻，对外界事物的感知力强，也因为敏感，所以情感丰富的女孩都有着一个善于思考的大脑。她们凡事都想要做到尽善尽美，在生活中不断地总结经验与教训，通过一次又一次的经历来自我完善，最终走向成熟。此外，在日常生活中，父母还需要让女孩在遇到事情的时候多站在对方的角度考虑，因为情感丰富的人一般都会有很强的感受他人情绪的能力。

总之，情感丰富是一件好事，与情感丰富的人交流感情比同那些不善于表达情感的人交流更加有趣。所以说，情感丰富是女孩独有的财富，父母在家庭教育中更应该加强女儿在这方面的优势。

在与女孩相处的过程中，父母应该善于发现孩子情绪的变化。假如自己的女儿是个内向敏感的孩子，那么她很有可能是一个情感极为丰富的人。然而由于内向，她内心丰富多彩的世界却不能够很好地表达出来。因此，父母需要着重加强女孩的语言表达能力，让孩子丰富的内心世界能够与外界进行互动。

虽然说情感丰富是女性特有的财富，可是父母在后天的培养也是重要的。想要让自己的女儿成为一个情感丰富的人，那么就要求她能够有丰富的精神世界，多读书是一个很好的途径。在书中与人物一同体验人间的悲喜，感受人物的快乐与悲伤，一起哭、一起笑。读完一本书以后还应该多多思考，从中学到更丰富的人生经验。

建议一：培养女孩的审美力让女孩会美

一般情况下，女孩从三岁开始就有了对自我和外界的审美意识。从心理学的角度来讲，这一时期被称为审美敏感的时期。如果父母在这一段时间内没有对女孩进行正确的审美观教育，那么女孩的审美慢慢地就会出现偏差，最终偏离正轨。特别是女孩子，在审美敏感期内对自己的穿着打扮有着非常高的兴致，在这个时候，父母就应该给予她正确的指导，以免形成混乱的审美观。

妞妞一向是个乖巧的女孩，妈妈说什么她就做什么，吃穿住行，无论是生活的哪一方面，妞妞都听从妈妈的指导与建议。可是有一年冬天,三岁的妞妞突然不在妈妈的面前表现乖巧了。在外面冰天雪地的情况下,妞妞非要妈妈给她穿上夏天的裙子,嘴里还振振有词地说:"没有什么衣服比裙子更漂亮!"

因为天气太冷,所以妈妈执意不肯让妞妞穿裙子。可是妞妞一直哭哭闹闹,妈妈也没有办法了。就这样,一连几天,每当早晨穿衣服的时候,妞妞都会要求穿裙子,妈妈也同样拒绝妞妞的无理要求。妈妈上班迟到,妞妞上幼儿园也迟到。终于,妈妈觉得这样下去不是办法,就对妞妞大声地呵斥道:"这么小就这么爱臭美!长大后还不知道怎样呢!变成个坏女孩也说不定!"

妞妞听到妈妈的训斥后忽然就不再吵闹了。看到孩子安静下来,妈妈又在一旁继续说:"女孩子要是小时候就把精力全都倾注在外在的修饰上,就会忽略内在美的养成。人生很短,除了爱美外,还有很多有意义的事。"妞妞似乎懂得妈妈的意思,以后再也没有要求穿裙子了。而且真的到了夏天可以穿裙子的时候,妞妞也不再要求。甚至妈妈给妞妞买回了非常漂亮的裙子,妞妞都执意不穿。

妞妞妈妈的教育方式无疑是错误的。冬天的确不适宜穿裙子,可是不能穿的原因只是因为天气寒冷,而跟长大后是否变为坏女孩根本就没有联系。可是妞妞的妈妈为了制止孩子的无理取闹,用恐吓的方式给了孩子不良的教育,最终导致妞妞对裙子产生了错误的审美观念。妞妞原本可能成为一个优秀的服装设计师,可是经过妈妈错误的审美教育之后，妞妞对于裙子的兴趣就彻底地被抹杀了。

因此，当孩子在审美敏感期的时候，父母一定要用正确的教育方式对其进行审美指导。例如，有的孩子因为好奇，所以会拿妈妈的化妆品在脸上随意地涂来涂去，把口红当眼影，却又把腮红当作口红来抹。这些其实都是孩子爱美的表现，父母看到这样的场景之后，千万不能大声地训斥她，而是要悉心地进行教导，告诉孩子：这些化妆品孩子以后也是可以拥有的，但是在现阶段必须以学业为重，不能把注意力都放在穿着打扮上面。

当看到自己美丽可爱的女儿正孜孜不倦地倾注于爱美的情绪中时，父母不能够在一旁袖手旁观，也不能以训斥的形式加以遏制，而是要给予孩子正确的审美教育，让孩子的审美观朝健康正确的方向发展。

孩子的好奇心永远都是无穷的。父母需要引导女孩欣赏朴素之美，当她看到电视上的人花枝招展地走在路上，还引来众人的回头之后，女孩自己也想要尝试那样的效果。她可能会要求父母把她打扮成成年女子那样，也可能自己把自己画得像个唱京剧的花旦。这时候，父母就需要正确地引导孩子，让她学会欣赏自然与朴素之美。

扼杀女孩的好奇心就等于扼杀了女孩的未来，因为孩子的好奇心很有可能是她日后成功的基石。假如女孩对化妆等事物流露出强烈的好奇时，父母不能硬性地压抑孩子的好奇，而是要给予她正确的指导,并且教给她正确的审美观念。说不定你的宝贝女儿将来会是一个出色的造型师。

● 建议二:不是每个女孩都会表现自己

竞争如此激烈,每个父母都想自己的女儿将来在社会上能有立足之地,要想达到这个目标,父母就要不遗余力地对女儿进行培养。能够在竞争中脱颖而出的人一般都是综合素质较强,且能够恰当地在别人面前展现自己才能的人。因此,让女儿做个会表现自己,让他人了解、认识自己的人,就十分必要了。

有些孩子或者是因为胆子小,或是由于表达能力的不足,在旁人面前不能尽情地展现自我,这对孩子来说是一个困扰。事实上,很多诸如这样的女孩子都有着很好的才华,只是她们不知道如何将这些才华展现出来罢了。

栗颖就是这样的一个女孩子。由于父母工作忙,她在8岁之前都一直跟着奶奶在乡下生活。栗颖的奶奶是个心灵手巧的人,在剪纸与刺绣方面都有着精湛的技艺。栗颖从小就看着奶奶如何穿针引线,用不同颜色的线绣出美丽的花蝴蝶。时间久了,栗颖自己也学着做这些手工制品,在奶奶的指导下,她的刺绣手法也越来越娴熟了。

8岁之后,父母把栗颖接到了城里上学。由于到了一个新的环境,再加上栗颖本身胆子就小,话原本就不多的她更加沉默不语了。在学校里,栗颖也不和其他的孩子一起玩耍,只是一个人默默地坐在座位上发呆。班主任发现了之后,就把这样的情况反映给了栗颖的父母。他们听到之后感到很愧疚,因为自己的忙碌,都没有与孩子及时地沟通,所以才导致这样。

有一次,学校举办才艺大赛,老师要求每一个同学都在大赛中展现自己的风采。栗颖的父母得知这个消息之后,就鼓励栗颖将自己刺绣的才艺展现在师生面前。在爸爸妈妈的百般劝说之下,栗颖终于动手绣出了一幅漂亮的动漫图。栗颖的作品让爸爸妈妈都吃了一惊,他们知道女儿会点刺绣,可是不知道女儿的手工居然如此惊人。这幅刺绣图在比赛中获得了第一名,老师和同学们也十分惊奇地看着栗颖,原来这么一个沉默不语的女孩子会有如此的才艺。因为这幅刺绣图,同学们重新认识了栗颖,很多同学都愿意主动和她交往,栗颖也不再如之前那样沉默了,她变得开心起来。

正如栗颖一样,适当地表现自己不仅能够让更多的人了解自己,而且还能够展示自己不为人知的另一面。栗颖的父母由于忽略了对栗颖这方面的教育,因此差点埋没了孩子的才华。在家庭教育中,如果孩子是一个如栗颖一样不爱表现的人,那么父母就要帮助孩子勇敢地在人前展现自己。

与栗颖这样的女孩不同,还有一些女孩从小就爱在别人面前表现自己。她们天生就不怕陌生人,无论在什么场合下都敢于大胆地表达自己内心真实的想法。可是这样的女孩却往往会出现表现过度的情况，她们的直言不讳有时候可能会伤害到别人。因此，父母在这个时候就要教育女孩懂得"度"的艺术，了解什么叫含蓄之美。

总之，对于胆子小的孩子，父母要鼓励她勇于表现自己，还要亲自带着孩子做这方面的尝试，与孩子共同成长。而对于那些胆子本来就很大的女孩，父母则要培养她恰到好处地表现自己的能力，这样才能够做到让他人接受。

有些孩子不敢在人多的情况下开口说话，针对这样的情况，父母平时应该多带孩子到人多的地方去，父母要为女儿创造表现的机会，而且要让孩子成为众人瞩目的焦点。慢慢地，孩子就会适应在人群中的感觉。此后，父母就要开始训练孩子在人群前讲话。例如，父母可以让孩子参加一些演讲或者朗诵比赛，这不但能够锻炼孩子的胆量，而且还是锻炼口才的一个好时机。

有的父母不懂得教育的理念，看到自己的女孩唯唯诺诺的时候，总是爱说"胆小如鼠"之类讽刺的话语，极度地伤害了女孩的自尊心。其实，表现的能力是可以慢慢培养出来的，只要父母用心，就没有不会表达的孩子。因此，在平日的家庭教育中，女孩在每次有所表现之后，父母都需要给予她适当的表扬，以增强孩子的自信。

言谈举止，是一个女孩好修养的体现

会说话的女孩很容易被周围的人接受，即便是她有着一颗不成熟的心灵，但是由于她的话语在出口之前已经经过了一番美丽的修饰，所以别人听起来也会感到悦耳，从而十分愿意与她亲近。

美丽的语言能够让女孩魅力倍增，因此，在家庭教育中，父母需要锻炼女孩的语言表达能力，不仅要让她学会表达，而且要善于用美丽的语言把自己的内心世界展现在别人的面前。

平时父母在教女儿如何更好地说话时，首先就要锻炼她的措辞。特别是在说一些别人不容易接受的话语时，更加要用比较委婉的语言表达。父母可以让女孩看一些趣味词汇的书籍，多掌握一些表达的用语。在教导女孩说话注意用词恰当的同时，父母也应该留心自己的说话方式，在批评女孩的时候不能够说伤害她自尊心的话语。

除了用词要恰当之外，女孩子在与人交流的时候，还应该有着流畅的表达能力。有的女孩言语表达能力差，说话总是磕磕巴巴，其实流畅地表达自己的能力是可以培养的。父母可以买一些故事类的书籍给女孩，每天晚上让女孩在看完一个故事之后就合

上书，然后重新把这个故事叙述一遍。久而久之，女孩就能够用流畅的语言来表达了。

柔和的语调也是语言表达很重要的一个方面，因为尖刻与强调的语调都会让听的一方感到厌烦。聪明的女孩子在与他人交谈的时候都会时刻注意自己声音的速度与力度，力求保持柔和，让语言像音符一般从口中流淌出来。

说话很容易，可是用美丽的语言表达出来就不那么简单了。这是一种语言能力，需要父母的尽心培养才能够达成的一种美丽。

另外，父母要培养女孩欣赏别人的意识。因为赞扬往往是在欣赏的基础上才会从内心里流露出来的，当女孩欣赏一个人的时候，自然地就会用比较优美的语言来表达心中的那份倾慕。

建议一：女孩不能嘲笑别人

有一句名言是这样说的："人性最深切的渴望，是得到别人的尊重。"每一个人都希望自己能够得到他人的认可和赏识，不分年龄、不分性别，谁都不想被别人嘲笑。可是许多女孩并不懂得要尊重每一个人，当看到身体上有残缺，或者是外表有些与众不同的人时，女孩往往会把这样的人作为嘲笑的对象，例如班里比较胖的同学，或是成绩较差的孩子。

小女孩会嘲笑他人，原因是当女孩到了一定的年龄段，不再因为共同喜欢一个玩具或是一首歌而结交伙伴，她们会选择与自己年龄、外貌以及行为相似的朋友在一起玩耍。几个孩子联合起来感觉到力量上的增强,再加上嘲讽他人所带来的快乐,很快的,女孩就会喜欢上这种感觉。其实,女孩嘲笑别人更多的就是为了获得乐趣。

有这样一个故事:

一日,一个年轻的乞丐到一个富有之家去乞讨,正巧这家的女主人在家。于是女主人就让乞丐去后院搬砖头,砖头搬完了就会得到报酬。乞丐看着那一大堆石头,再看看自己残缺了的右臂,他不知道该如何是好。这个时候女主人用自己的左手为乞丐做了示范,于是乞丐开始搬砖头了。一直等到乞丐搬完,女主人给了他20元钱作为酬劳。年轻人在走之前不停地感谢女主人,可是女主人说不用谢,因为这是他通过劳动赚来的钱。

后来的许多年里,女主人也碰到过不少的乞丐上门向她乞讨,女主人都用同样的方法帮助他们。有的人照着做完后,女主人把薪酬付给他们,可是有的人在听到女主人的要求之后,就拂袖而去了。

过了很多年之后,女主人接到一个年轻董事长的邀请,到一处地段十分好的豪宅中去做客。女主人到了之后,她看到豪宅的主人是一个没有右臂的残疾人。这位董事长说自己就是当年的那个年轻乞丐,因为女主人的尊重,他从那个时候就知道自己也能够通过劳动来证明自己的价值。因为对女主人有着很深的感激之情,所以想要把这套豪宅送给她。可是无论如何,女主人都不肯收下董事长的这份礼物。她始终都在说:"那是你用自己的汗水换来的薪酬,我并没有帮助过你什么。"

在日常生活中,我们每一个人对身体有缺陷的残疾人,都应该给予应有的尊重。正是女主人把年轻的乞丐当普通人看待,才让乞丐有了自信在社会上继续生活下去。因此,家长在教育女孩的时候,要多举一些事例,让女孩认识到每个人都是希望被尊重的,而且每个人的身上都有自己的闪光点。

在家庭教育中,父母应该告诉女孩,嘲笑别人是一种不礼貌的行为。不仅如此,还要让女孩从心底里去除这种不好的言行方式。让女孩知道:不论是谁,都有缺点和优点,就算是自己,也有某种程度上的缺陷。今天你轻易地嘲笑他人,或许明天就会有另一个人来嘲笑你。因此,学会尊重彼此,这才是最重要的。

在言传身教的过程中,父母可以按部就班地来让女孩消除心中对他人的偏见。例如,可以先让女孩在感情上同情被嘲笑者,让女孩想想,如果自己是那样的话心里会有什么感觉。然后在同情的基础上建立起女孩对被嘲笑者的尊重感,最后再让女孩把心中的那份同情与尊重付诸到行动上去,帮助之前被她所嘲笑的那个人。

家长需要通过说理、举例、实地考察以及给出具体的方法来去除女孩心中对他人的偏见。不仅这样,还要让女孩知道,生活在世界上的每一个人都是平等的,每个人都有自己的人格,每一个人都不希望被别人嘲笑。树立女孩的平等观念是非常重要的。

建议二：女孩别随便叫别人的绰号

不同的人对绰号有着不同的理解，有的人认为，如果绰号没有恶意，而且还能够增进彼此之间的感情，那么用绰号来称呼也很合适。可是有的人就不愿意别人给自己起绰号，他们对于这种称呼十分反感，有时候甚至会激起愤怒的情绪。

绰号，也叫作外号，一般都是根据某人的外貌特征或是性格特点等起的非正式名字。也许在小时候，我们或多或少也有过这样的经历：一个同学体形肥胖，大家就叫他"胖子"；或者一个特别瘦的孩子，他会被别人叫作"瘦猴"……可是不是每个人都能够接受别人给自己取的绰号，虽然有一些绰号根本就没有恶意。因此，到了一定的阶段，父母就需要对女儿这方面的言行有所注意了。

绰号有时候叫起来是为了表示亲切，可是在使用的时候也要注意场合。平日里跟同学可以打打闹闹，可是到了正式的场合，就需要丢掉平时的习惯，改用对方的正式姓名来称呼。

其实，女孩之间所取的绰号还是以褒义的为多，一般都是某人在某一方面特别出众，所以被其他人冠以与之相关的称呼。这是人与人之间表达亲切之感的一种途径。可是也不排除一些女孩恶意地给别人取外号，例如有同学说话的时候总是结结巴巴，孩子就叫这位同学"大结巴"。这种以他人缺点或者弱势而起外号的行为，不仅不礼貌，而且还会伤害到被取绰号人的自尊心。

　　在绰号表示亲切的情况下，私下的场合中可以相互称呼。当然，除了要注意场合之外，家长还需要教导女孩，尽量不要给别人取绰号，尤其是针对别人缺点的，就算是褒义的绰号，也需要在彼此关系不错的情况下才能考虑。

　　关于绰号，仁者见仁，智者见智，但是父母一定要告诉女孩：在叫别人外号的时候，一定分清场合和时机，不能带有恶意，更不能随便称呼。

　　叫别人绰号也要有尊重的态度。家长应该尽早在女孩的心中树立凡事尊重他人的信念，无论做什么事情，都要以尊重他人为前提，叫绰号也不例外。只有在尊重别人的情况下，即使是叫绰号，一般也不会让人感到不愉快。

3
从容的女孩最出色

一身纯白的套装，面带微笑，每天早上，她走过公司的大门，人们都会投去羡慕的目光。她的高雅华贵由内向外散发，她的灿烂微笑毫不做作。这并不奇怪，拿着高薪，衣食无忧，兴许还嫁了位富豪，又有什么理由不高雅呢？

可熟悉她的人都知道，这些仅仅是人们的主观臆断罢了。

她只是这家公司的勤杂工，做着领报纸、送文件、打开水、拖地板之类的琐碎事，每月仅有2000元的薪水，她还经常被大家呼来唤去。她下岗后找到这份差事。两年前离婚，负心的丈夫除了女儿什么也没有留下。她寄宿在娘家，和女儿住在父亲那间书房里。

父亲对她的影响极大。她小时候，家里日子过得很清苦。但父亲常对3个女儿说："精神富足才算是真正富有，无论贫困还是富贵，都要优雅地活着。"

父亲不光用乐观的态度影响孩子，还用行动告诉他们如何快乐地过好每一天。父亲衣着极讲究，虽不是名牌西服，可总是一尘不染、风度翩翩。即使在最艰难的时期，父亲也不忘周末带着

3个女儿到公园散步。有一次，父亲指着远处一对正在散步的父女说："看见了吗？那是一家公司的老总和孩子，我们过得丝毫不比他们差。"

她相信父亲的话，美好的生活靠心灵的创造。她从不追求奢华的生活，可她的生活绝对高品质。她爱听音乐，喝自己磨的咖啡；她没有名牌的香水，但不化淡妆从不出门；她只是一名打工者，但从不觉得自己比别人低贱；她极少有品牌服装，但打扮得优雅脱俗；她从不在乎别人的评价，但在意自己是否真的开心；她也常常教育自己的女儿，但从不讲那些世俗浮华的东西。总之，她就这般心平气和地生活着。

贫穷不会磨灭一个人高贵的品质，反而是富贵让人丧失了志气。比之内心的充实和满足，外在物质的华丽和简陋都不值一提。因为一切的物质享乐都只是为了精神上的满足和快乐，再有钱的人，没有快乐也一样是"贫穷"的。

德国作家施瓦布说："一个人的品格，犹如一朵花的芳香。"我们要细心地呵护和培养自己高雅的品位，让它散发出愉快的芬芳。但绝不是穿金戴银，啜几口上好咖啡，或开一辆大奔，出入几趟五星级酒店就能变得"品位"十足。一位智者说过："人格无法在市场上买到，必须孜孜不倦地塑造。"一个人品位的形成，如同吃中药，是慢慢调理出来的。我们看古今中外那些有着高尚人格和不俗品位的人，都是十分注意这一"塑造"和"调理"功夫的。

有品位的人一定有优雅的风度,但是,风度的优雅没有固定的模式。各种各样的风度,有各种各样的优美。有的热情,有的文静,有的果断,有的谨慎,有的敏捷,有的庄重,有的温文尔雅,有的秀丽端庄,有的脉脉含情,有的含蕴深沉。

品位蕴含在我们日常生活的精致中,而生活中的精致无处不在。这种点滴的精致,溶入一个人的血液、生命、言行中,就形成高洁的品位,就显出非凡的教养。这种精致的生活只在于我们的小心和习惯,而不在于环境的优劣。这种精致的生活越是出自粗劣的环境,它所培养出的一个人的天生风骨就越震慑人,这个人也更是有了脱离粗劣环境的力量。因为一切都表明:他虽出身于这样的环境,可他却超越了这个环境,这个环境已配不上他了,他已属于更好的环境,他的一切已显示他该拥有更好的一切。

生活的精致无处不在。整洁的书桌,干净的床铺,无不显示出一个人的生活品位。闲来学学乐器绘画,陶冶身心的同时也显出我们生活的精致。

建议一:从容的女孩能够欣赏比自己优秀的人

每个人身上都有优点与缺点,爱看到优点的人比总看到别人缺点的人会更快乐、也更受欢迎一些。所以,我们鼓励每个人多去看别人的优点,多去欣赏别人,它带给别人自信的同时也愉悦了自己。一个会欣赏别人的人,是自信的、快乐的、勇敢的、开放的。而这项本领，可以、也需要从小培养。很多家长认为，让一个不懂事的孩子懂得欣赏别人，难度很大。其实并非如此，生活中的点点滴滴都是极好的素材，就看你怎么使用。

欣赏是一种理解的延伸，是一种知性的壮美，是一种无穷的力量。一切力量本身都是有局限性的，因为它们产生着迟早将和它同等或超过它的力量。欣赏他人则简单地始终在起作用，它不产生阻碍它的对立关系。它消除现存的对立关系，它排除误解和不信任，通过呼唤真诚与宽容，从而强化了自我。因此，欣赏他人始终是一种真正的力量。这种力量的源泉在于一个人"心中有光"，有一颗仁慈、宽容、博爱之心，有一份热诚、坦荡、无私之情。

欣赏别人是一种美德。培根说过："欣赏者心中有朝霞、露珠和常年盛开的花朵，漠视者冰结心城，四海枯竭，丛山荒芜。"古语有云，"欲将取之，必先予之""爱人者，人恒爱之"。人与人之间的关系往往是相互的，与人为善，也是与自己为善。在工作或生活中，同事朋友之间，需要相互理解，更需要相互欣赏，当你用欣赏的眼光看别人时，别人也会向你投来欣赏的眼光；当你用鄙视的眼光看别人时，别人也会向你投来鄙视的眼光。

一个会欣赏别人的人，首先要会欣赏自己，而要会欣赏自己，就要有自信，要有自信，就要有成功的感觉，要有成功的感觉，则要能做到，也就是经常有完成自己能力范围内的任务的机会。而当她完成时，还能及时地从周围的人中得到具体的反馈，对她的努力与进步表示肯定。

所以,对家长来说,重要的是多提供一些难度与孩子能力相当的事给孩子去完成。其中又有一定的技巧,一个很重要的方法是把学习或要完成的东西进行分解,而不是要求孩子一步到位。

比如走路,所有的孩子都不是一下子就会走路的,如果要求她一开始就会走、走得好,对她的自信只能是一个打击。而应把走路这件事分解为很多块,比如扶着东西走、走走爬爬、走得摇摇晃晃、走时摔跤不多了……孩子每完成一个阶段,都是付出努力的,这个时候要给予鼓励。

在孩子的学习与探索中,有一个问题要注意,就是很多家长常帮倒忙,总是忍不住要伸手去帮孩子,其结果是剥夺了孩子发现自己的机会与权利,这对自信心的构建没有丝毫的好处。其实,在成长中,每个孩子都会自然地去发现自己,并从中感受自己的能力,比如婴儿的翻身,她很努力地翻,但开始时总是不能成功,在一边的家长如忍不住用手推一下,帮她一把,这样做的结果是让她体验不到自己翻过去的成就与快乐,而事实上,孩子是完全可以自己完成翻身这个动作的,而且她还会找到一个令自己最舒服、最有效的翻身方法,在完成翻身这个动作过程中,她会体会并找到自己的优势。

家长要做的,就是给孩子一个鼓励的眼神,或跟她说:"宝宝,你这次翻得不错啊,你好努力哦。"让她知道她的努力你是明白的,就足够了。这样,孩子会有勇气继续尝试新的东西,她的自信也会建立起来。而孩子知道被人欣赏是一件很舒服的事后,她才会去欣赏别人。

只有同样努力过的人,才会欣赏别人的成就与努力,因为只有努力过,才知道要做到某个程度,是需要花很多工夫的,是很难的。女孩多去经历,才能知道其中的难处,而且在这种经历中,得到正面的、积极的引导,才能学会欣赏别人,如果在她经历时,总是遇到挫败,她会放弃。家长首先要会欣赏自己的孩子,要认同、肯定孩子的每一点努力与付出。在这样的环境中成长,孩子自然而然地也会欣赏别人。

● **建议二:从容的女孩更容易得到别人的赞赏**

孩子往往由于学习成绩较好或者某方面有特长而经常受到家长和老师的表扬,这种太多的表扬常常会误导孩子,使她们不能正确认识自己,于是就会滋长骄傲情绪。她们会因此夸大自己的优点,看不到自己身上的问题,而把别人看得一无是处;她们听不进别人的善意批评,总是处于盲目的优越感之中,就会逐渐地放松对自己的要求,因此导致成绩下降,表现也就不再那么优秀了。对这样的孩子,家长应该及时予以纠正,让她们正确认识问题。

盲目骄傲自大的人就像井底之蛙,视野狭窄,自以为是,严重阻碍了自己继续前进的步伐。科学家巴夫给青年人的一封信中这样写道:"切勿让骄傲支配了你们。由于骄傲,你们会在应该统一的场合固执起来。由于骄傲,你们会拒绝有益的劝告和友好的帮助。而且由于骄傲，你们会失掉客观的标准。"当然，我们要让孩子分清楚自信和骄傲的区别。

自信是一种积极的人生态度，它能使人乐观上进；而骄傲是对自己的不全面认识，是盲目乐观，常会让人不思进取。对于父母来说，应该培养孩子的自信心，但不能让她们滋长骄傲自满的情绪。形式上两者有很大的相似性，常会让人迷惑，孩子们常会把自己那点小得意看作是自信的表现，这时父母应该让孩子分辨出两者的区别。

家长应该让女孩认识到骄傲也是健康成长的绊脚石，任何成绩的取得只是阶段性的、局部的，只能作为一个起点。在学习上，知识是无边的海洋，如果一时一事领先就忘乎所以，恰恰是知识不够、眼界不宽的表现。"满招损，谦受益"，家长应有意识地给孩子介绍一些成功者的经验，告诉他们古今中外凡是有所作为的人都是在取得成绩后仍能保持谦虚奋进的人。

小兰已经小学五年级了，是个爱学习的女孩，由于学习成绩在班里一直名列前茅，因此非常自负。在家里，小兰认为自己已经是个大人了，对于父母说的话越来越不放在心上。在学校里，小兰也非常清高，不太愿意与成绩不好的同学一起玩，觉得跟他们在一起没什么意思。对于任课老师，小兰也不太尊敬，她认为老师的水平不过如此，自己自学都能够学到很多知识。唯一令小兰比较敬重的是她的班主任侯老师。侯老师是一位快退休的语文老师，他对小兰非常好,经常给小兰介绍一些学习方法,讲一些名人的故事。

有一次,小兰在一篇交给侯老师的周记中表现出自己看不起同学的思想,她还提到了一次与数学老师发生的争执,原因是数学老师批评小兰做作业不够仔细。

侯老师后来在小兰的本子上是这样写的:

"有人批评你,并不是他看不起你,而是他希望你进步。因为,他不批评你,你不会怨恨他,他批评你,你则会怨恨他,而他却选择了批评你,原因就是他希望你进步。侯老师也是这么希望的。"小兰深受触动,后来,她果然慢慢改正了自负的毛病。

批评往往直指一个人的缺点,如果一个人能够接受批评,她就能够比较清楚地看到自己的缺点。对于女孩来说,她在评论自己时常会出现偏差,原因是"不识庐山真面目,只缘身在此山中",若能经常听取别人的意见或建议,就能不断充实和完善自己。

父母要教育孩子,取得了一定的成绩,这确实是自己努力的结果,但是不要忘记这里也包含着家长的培养、老师的教诲和同学的帮助。

另外,不正确的比较也容易滋长骄傲情绪。在班集体中,若以己之长与别人之短相比较,这样比较的结果,自然容易沾沾自喜,自以为什么地方都比别人强,因而看不起别人。父母应该开阔女孩的胸怀,引导她们走出自我的狭小圈子。带她们到更广阔的地方走走,陶冶她们的情操;让她们了解更多的历史名人的成就和才能，以丰富的知识充实头脑，使之变骄傲为动力。

许多人都看过《卡尔·威特的教育》这本著名的书，这本书写于1818年，是世界上论述早期教育的最早文献之一。

卡尔·威特生下来时是一个智障儿，但他的父亲老威特运用一种与众不同的教育方法，使小威特8岁时，就已经掌握德语、法语、意大利语、拉丁语和希腊语5种语言，同时，小威特还通晓动物学、植物学、物理学、化学，尤其擅长数学。小威特在9岁时就考上哥廷根大学。当他未满14岁时，就被授予哲学博士学位。16岁时又获得法学博士学位，并被任命为柏林大学的法学教授。

对于这样一位才华出众的天才，父亲老威特非常注意培养孩子谦虚的习惯，他禁止任何人表扬他的儿子，生怕孩子滋长骄傲自满情绪，从而毁了他的一生。

孩子产生骄傲往往源于自己的某方面特长和优势，父母应该先分析这种骄傲的基础：是学习成绩比较好、有某方面的艺术潜质，还是有运动天赋什么的。然后应让孩子认识到，她身上的这种优势只不过限定在一个很小的范围内，放在一个更大范围就会失去这种优势，正确的态度应该是积极进取，而不是骄傲懈怠，并且优势往往是和不足并存的，同时应该努力弥补自己的不足。